i y i k i **k i t a p** l a r v a r . . .

TİMAŞ YAYINLARI
İstanbul 2013

timas.com.tr

ÇOCUKLARIMIZA NAMAZI NASIL SEVDİRELİM
Çocuğumla Sevgi Secdesi
Ahmet Bulut

TİMAŞ YAYINLARI | 2101
Ailede Din Eğitimi Dizisi | 22

GENEL YAYIN YÖNETMENİ
Emine Eroğlu

EDİTÖR
Ayşe Tunur

ÇİZİMLER
Kübra Sönmezışık

KAPAK TASARIMI
Ravza Kızıltuğ

1. BASKI
Ağustos 2009, İstanbul

8. BASKI
Ocak 2013, İstanbul

ISBN
ISBN 978-605-114-027-8
9 786051 140278

TİMAŞ YAYINLARI
Cağaloğlu, Alemdar Mahallesi,
Alayköşkü Caddesi, No: 5, Fatih/İstanbul
Telefon: (0212) 511 24 24 Faks: (0212) 512 40 00
P.K. 50 Sirkeci / İstanbul

timas.com.tr
timas@timas.com.tr
facebook.com/timasyayingrubu
twitter.com/timasyayingrubu

Kültür Bakanlığı Yayıncılık
Sertifika No: 12364

BASKI VE CİLT
Neşe Basım Yayın
Akçaburgaz Mah. Mehmet Kopuz Sk. No: 17
Kıraç-Esenyurt/İstanbul
Telefon: (0212) 886 83 30
Matbaa Sertifika No: 22861

ÇOCUKLARIMIZA NAMAZI NASIL SEVDİRELİM

Çocuğumla Sevgi Secdesi

Ahmet Bulut

Kübra Sönmezışık'ın çizgileriyle...

TİMAŞ

AHMET BULUT

1971 yılında Çanakkale'nin Bayramiç ilçesinin Karaköy köyünde doğdu. İlkokulu köyde, orta ve liseyi Bayramiç İmam Hatip'te, üniversiteyi Marmara Üniversitesi İlahiyat Fakültesi'nde okudu. Türkiye onu namazla tanıdı. Namaz gönüllülerinin çalışmalarını organize ediyor, konferanslara katılıyor, TV ve radyo programları yapıyor.

Yayınlanmış eserleri:

1- Namaz Dirilişe Çağrı (Ensar Neşriyat)

2- Ramazanı Nasıl İhya Ederim? (Ensar Neşriyat)

3- Çocuklarımıza Namazı Nasıl Sevdirelim (Timaş Yayınları)

4- Kuran'la Yaşamak (Timaş Yayınları)

5- Aşkın Ev Hali (Timaş Yayınları)

İÇİNDEKİLER

çocuklarımıza namazı nasıl
sevdirelim

Giriş

Hani Lokman,
oğluna öğüt vererek:
"Ey yavrucuğum!
Allah'a ortak koşma.
Çünkü O'na ortak koşmak
büyük bir zulümdür"
demişti.
[Lokman, 13]

Cennet çiçeği çocuklarımız, bizim kapanmayan amel defterimizdir aynı zamanda. Onlar bize tertemiz olarak emanet edilir. Onları fıtrat üzere yetiştirmek bizim asıl görevimizdir. Bunu ne kadar yapıyoruz? Çocuğumuzun midesini doyurduğumuz kadar, gönlünü doyuruyor muyuz?

Her Müslüman anne-baba, çocuklarının imanı kuvvetli, ameli salih olsun, kendilerine itaat etsin ister. Peki, bunun için çocuğumuza ne zaman hangi bilgileri öğreteceğimizi ve nasıl eğiteceğimizi düşündük mü? Bunun için ne kadar zaman ayırdık? Maalesef bu konuda çok ciddi hatalar yapıyoruz. Niyetimiz iyi olsa bile yanlış metot uyguladığımız için iyi sonuç alamıyoruz.

Müslümanların ibadetlerini topluca yaptığı, güzel örneklerin çok olduğu, eğitim sisteminin inançlarına göre düzenlendiği bir toplumda çocukların namazlarını vaktinde ve düzenli bir şekilde kılmaları problem olmayabilir. Fakat günümüzde hiç de böyle değil. Okullarımızda namaz eğitimi verilemiyor. Verilse de yeterli değil. Toplumumuzda ciddi yozlaşma var. Burada en büyük görev ve fedakârlık aileye düşüyor. Çocuklarının ibadet eğitimini ve özellikle de namaz eğitimini ciddi bir şekilde vermeleri gerekiyor. Bunu zamanında ve usulünce yapmadıklarında bir ömür boyu sıkıntısını çekiyorlar.

Namaz Gönüllüleri Platformu'nun Namazla Diriliş Programları'nda gördüm ki en büyük ihtiyaç, çocuklarımıza namazı sevdirmenin yollarını bulmak. Bununla ilgili bazı makaleler dışında bir çalışmaya rastlayamadım. Önce bu konuda bir seminer hazırladım. Programlarda sunmaya başladım. Sonra gördüm ki çok ciddi bir ilgi var. İnsanların gözlerinden ne kadar ilgi gösterdikleri anlaşılıyordu. Program sonunda gelen sorulardan da bunu görmek mümkündü. Ailelerin, özellikle de annelerin bu konuda birtakım sıkıntıları var. Herkes çocuğunun namaz kılmasını istiyor. Ama ne zaman başlayacağını, nasıl alıştıracağını, ne kadar süre devam edeceğini kestiremiyor. İyi yapayım derken ciddi hatalar da yapıyor. Biz de bütün bu sıkıntılara çözüm sunmak amacıyla bu çalışmaya başladık. Çalışma sırasında birçok hocamızla fikir alışverişinde bulunduk. Neticede bu güzel çalışma ortaya çıktı.

Kitabımızda öncelikle çocuklarımıza namazı nasıl sevdirebileceğimizin yollarını aradık. Onlar namazı severlerse, her nerede olurlarsa olsunlar kılarlar. Sevmezlerse de ne yaparsak yapalım kılmayacaklardır. Amacımız namazı sevdirmek olmalıdır. Bu amacın gerçekleşmesi için takip edilecek metotlar önerdik. Bu metotları yaşanmış örneklerle daha canlı ve güncel hale getirdik. Okurken kendinizde bu örneklerden çok şey bulacaksınız. Bazen sevinecek, bazen de üzüleceksiniz. Sevineceksiniz, doğru uygulamalarınız için. Üzüleceksiniz, yanlışlarınız için. Ancak zararın neresinden dönülse faydalı olacağı için okudukça teselli bulacaksınız. Hâlâ yapabileceğim bir şeyler var diyerek ümitle çocuklarınıza yöneleceksiniz. Bizim önerilerimiz sizin ilavelerinizle birlikte daha verimli sonuç almanıza vesile olacaktır. Ama burada asıl olan çocuklara namazı sevdirmenin gündeminiz olmasıdır. Bu dert yüreğinizi yakınca çareler aramaya başlayacaksınız. Bu çalışmanın, çare arayanlara bir rehber olacağını ümit ediyorum.

Her ne kadar üzerinde uzun süre çalıştıysam da yine de hata ve eksiklikler olacaktır. Bunlar nefsimdendir. Eserdeki bütün güzellikler ise Rabbimdendir. Eksiklikleri bildirenlere dua ederim. Çalışmamızın anne babalara ışık olmasını ve namazlı nesillerin yetişmesine kılavuz olmasını Rabbülalemin'den niyaz ederim...

Ahmet Bulut

Nisan 2009

Aile ve Namaz

Ailene (ve ümmete) namaz kılmayı emret
ve sen de ona sabırla devam et.
Biz senden rızık istemiyoruz;
(aksine) biz sana rızık veriyoruz.
(Güzel) akıbet, takva sahiplerinin,
Allah'ın emrine uygun yaşayanların/
karşı gelmekten sakınanlarındır.
[Taha, 132]

İnsanlığın kurduğu ilk kurum ailedir. Aile insan toplumunun çekirdeğini oluşturmaktadır. Bir toplumun aile kurumu ne kadar sağlam ve sağlıklı olursa, onu teşkil edeceği toplum yapısı da o kadar sağlam ve sağlıklı olur. Aile ise, anne, baba ve çocuklardan oluşur. Anne-baba, çocuklarını maddi ve manevi yönden terbiye etmekle görevlidir. Aile kurumunun Allah tarafından tayin edilen maaşsız ve ücretsiz öğretmenleri anne-babalardır. Onların görevleri bizzat Kur'an ve sünnette tarif edilmektedir. Manevi eğitimin en başta gelen ibadeti ise namazdır.

"Ailene (ve ümmete) namaz kılmayı emret ve sen de ona sabırla devam et..." ayetiyle Rabbimiz, Sevgili Peygamberimiz(sav)'den ehline namazı emretmesini, onlarla beraber namaza sarılmasını, sabır ve azimle ona devam etmesini istiyor. Namaz kıldırmak suretiyle onları Allah'ın azabından kurtarmasını, kendisinin de namaza devam etmesini emrediyor. Ayetteki hitap, Hz. Peygamber(sav)'in şahsınadır. Bu hitabın içine umumi olarak bütün ümmeti, hususi olarak da ehli beyti (Hz. Peygamber(sav)'in aile halkı) girmektedir. Bu ayetin hükmü gereği Peygamber Efendimiz(sav), sabah namazına kalktığında mescide gitmeden önce Hz. Fatıma(ra) ve Hz. Ali(ra)'nin evlerine uğrar ve kapılarının önünde durarak onlara şöyle seslenirdi: "Ey Ehli Beyt namaza kalkınız" ve "Ey Ehl-i Beyt! Allah, sizden ancak kiri (günahı) gidermek ve sizi tertemiz yapmak ister [Ahzab, 33]" mealindeki ayeti okurdu. Hz. Peygamber(sav)'in bu uygulamaya altı ay devam ettiği bildirilmiştir.[1]

Sevgili Peygamberimiz(sav)'in şahsına yapılan bu uyarı, O'nun şahsında bütün ümmetine ve özelde de aile reislerinedir. Aile reisleri namazlarına dikkat etmeli, çocuklarına da namazı emrederek bu vazifelerini yerine getirmelidirler. Tabi bu sadece sözle gerçekleşecek bir olay değildir. Söz ile yaşantının bir olması gerekir. Yoksa söylenen sözlerin hiçbir etkisi olmayacaktır. Peygamber Efendimiz(sav) ne emrettiyse öncelikle ve fazlasıyla onu kendisi yapmıştır. O'nu takip eden ashabı ise söylediklerini uygulamada hiç tereddüt etmemişler, hemen yapmışlardır.

Dr. Haluk Nurbaki de bu konuda şöyle demektedir:

"Çoluğunuzu çocuğunuzu, eşinizi, dostunuzu, yakınlarınızı özellikle namaza mutlaka alıştırın. Namaz kılmayan insanın imanı yok demek değildir. İman ayrı bir cevherdir. Allah lütfeder, gönlüne düşer, iman eder ama uzun müddet yaşayamaz. Namaz şarttır.

Çocuğunuz anjin olsa ne kadar telaşa düşersiniz. İmansızlık kanserden daha kötüdür. Kanser bu dünyadaki hayatınıza son verir ama imansızlık trilyonlarca yıllık hayatınıza son verecektir. Allah rızası için ahirete inanıyorsanız, çocuğunuzun üç-beş günlük dünyası için gösterdiğiniz gayreti, trilyon yıllık manevi hayatı için de gösterin. Allah rızası için zaafa düşmeyin.

Genellikle, 'İyi olur inşallah' denir. Ne zaman iyi olur? Çocuğunuz imansız gittiği takdirde nasıl hesap vereceksiniz? Onun için namaza alıştırın... Çocuğunuza 'Gel beraber bir namaz kılalım' deyin. Bunu demiyorsak, Cenab-ı Hakk'ın karşısında hesap vermemiz zorlaşır.

'Allah'ım, ben Seni çok seviyorum, Sana inanıyorum' dediğimiz zaman Cenab-ı Hak da, 'Peki, bana inanıyordun, ahirete inanıyordun da, çocuğun azap çekmesin diye niçin namaz kıldırmadın? Çocuğun ateşi çıkınca tedavi etmesini, ilaç vermesini biliyorsun da, çocuğun manevi ateşi çıktığı zaman niçin tedbir almıyorsun?' demez mi?"[2]

Mustafa İslamoğlu ise;

"İbadet, çocuğun bozulmamış doğası ve bakir ruhuyla birebir örtüşür. Her çocuk iki ayaklı bir duadır. Çocuğun ibadeti ve duası, duanın duaya durmasıdır.

Çocuğa "Allah'la diyaloğa girmek" manasına gelen ibadetin hazzını tattırmak zorla değil, sevdirerek olmalıdır. Bu da sorumluluk bilinci taşımaya başladığı temyiz çağından (iyiyi kötüden, doğruyu yanlıştan ayırabildiği yaş) sonra başlar.

Çocukları temyiz çağında ibadete özendiriniz. Evde ibadetlerinizi cemaatle yerine getiriniz ki bu çocuk ruhunda kalıcı bir iz bırakır.

Çocuğa namazın pratiğinden önce şuurunu kazandırınız. Namaz şuuru, 'nasıl kılmalı' sorusundan önce 'niçin kılmalı' sorusunun sorulması demektir. Niçin kılması gerektiği aklına ve yüreğine yatarsa, çocuk bulup buluşturup nasıl kılacağını öğrenecektir.

İbadetlerin pratiği çocuğa kazandırılırken, mutlaka çocuğun özel yapısı dikkate alınmalı, ona göre bir ibadet terbiyesi stratejisi izlenmelidir. Çünkü her çocuk ayrı bir dünyadır.

İbadet eğitiminde, aşırı aceleci ve erkenci davranmak çocuğun tepkisine, hatta tiksinti ve nefret duymasına yol açabilir. Bunun yaşını, yöntemini, sürecini tespit etmek anne babaya düşen bir görevdir. Bu süreci doğru tespit için de, anne-babanın çok iyi bir gözlemci olmaları şarttır.

Çocukların ibadet eğitiminde şu sıralama esas alınmalıdır:

- Bilgilendirme
- Sevdirme-İnandırma
- Bilinçlendirme
- Uygulama

Bu sıralamayı tersine çevirip de çocuğa sevdirmeden, bilgilendirmeden ve hepsinden önemlisi bilinçlendirmeden namaz kılmaya zorlarsanız, sadece akıl baliğ oluncaya kadar kıldırabilirsiniz. Oysaki namaz akıl baliğ olunca farz olur."[3]

"Kolaylaştırınız, güçleştirmeyiniz. Müjdeleyiniz, nefret ettirmeyiniz."

[Hadis-i şerif]

Namazı öğretmek çok kolaydır. Zor olan onu sevdirmek, onun yolunu gözler hale getirmektir. Bu da bir iki söylemeyle, tarif etmekle olacak bir şey değildir. Üzerinde düşünülmesi, uzun vadeli plan ve program yapılması, ciddi bir şekilde takip edilmesiyle sonuç alınacak bir eğitim sürecidir. Bugün bizim yaptığımız, çocuklarımıza namazın şeklini öğretmekten ibarettir.

Gayemiz, Allah'ın emaneti olan yavrularımızı O'nun razı olacağı şekilde yetiştirmek, O'na kullukta kusur etmemelerini sağlamak. Kulluğun en somut göstergesi namazla ortaya çıkıyor. Çocuklarımızı namazlarını seven, vaktinde kılan ve namaz davasına hizmet eden birer namaz âşığı yapabilmemiz için uzun soluklu bir çalışmaya ihtiyacımız var. Önce bizlerin anne-baba olarak bu bilinçte olmamız gerekiyor. Böylece işe başlayabiliriz.

Uzun soluklu bu yolculuğumuzda yardıma ihtiyacımız var. Bize karşılıksız yardım edecek, bizim eksiklerimizi bize gösterecek, "bizi bizden iyi tanıyan" Rabbimizden başkası olamaz. Öyleyse işe dua ile başlayacağız.

"Duanız ve ibadetiniz olmasa, Rabbim size ne diye değer versin?"

[Furkan, 77]

Namaz Eğitiminin Başlama Zamanı

Çocuklarınız yedi yaşına ulaştıklarında
onlara namaz kılmalarını öğretiniz.
[Hadis-i Şerif]

Çocuk eğitiminin ne zaman başlayacağı konusunda eğitimciler değişik görüşler ortaya koyarlar. "Eş seçiminden itibaren", "çocuk ana karnındayken", "dünyaya geldiği andan itibaren", "etrafını tanımaya ve konuşmaya başlamasıyla birlikte" diyenler olduğu gibi bunu üç-dört yaşından başlatanlar da olur. Hepsinin doğruluk payı vardır. Zikredilen bütün dönemlerde yapılması gerekenler, dikkat edilmesi gereken hususlar vardır.

Çocuk dünyaya gelmeden önce iyi bir eş seçimi çok önemlidir. Efendimiz(sav) bu konuda sevenlerini uyarmış ve dindar olanın tercih edilmesini tavsiye etmiştir. Dindar bir kişiyle yuva kurmak işin temelidir. Anne karnındayken anasının duygu ve düşüncesi çocuğa tesir etmektedir. Annenin yediği, içtiği, dinlediği, söylediği, okuduğu her şey çocuğu etkiler.

Öyleyse çocuk dünyaya gelmeden evvel işe dikkatli başlayacağız. Salih veya saliha bir eş seçeceğiz, besmeleyle birlikte olacağız, helal rızıkla, duygu ve düşünceyle besleyeceğiz. Dua edeceğiz.

Yedi Yaşına Kadar

Namaz eğitimi ani bir kararla başlamaz. Yedi yaşına kadar çocuk namaz kılanları görecek, onları taklit edecek. Ona bu imkân sunulacak. Çocuğa özel namaz malzemeleri olmalı. Benim diyebileceği seccadesi, başörtüsü, takkesi, tespihi vs... Bu dönem, çocuğun etrafı gözlemleme dönemidir. Çocuklar gördüklerini aynen uygular. Biz farkında olmasak bile gerekli gereksiz her ayrıntıyı kopyalamaktalar. Bunun için çocuklara güzel pozlar vermeliyiz. Çektiği fotoğraflar güzel olmalı.

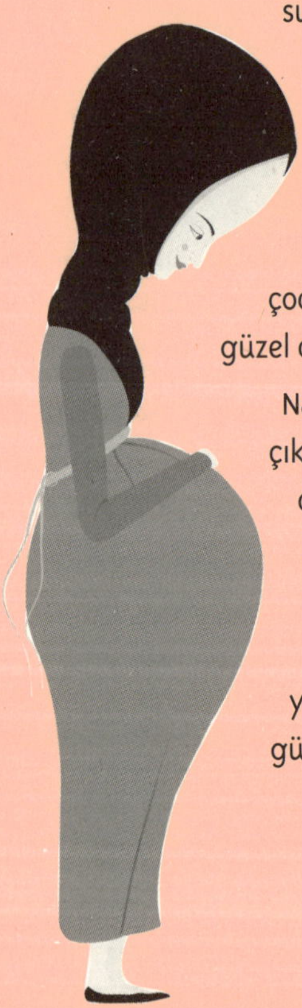

Namaz kılarken önünüzden geçtiklerinde, üzerinize çıktıklarında vs. namaz sonunda bu davranışından dolayı azarlarsanız, çocuk namazdan nefret edebilir. En sevimli, en tatlı halimiz namaz kılarken ve namaz sonunda olmalı. Çocuk şöyle düşünmeli:

"Annem ve babam namaz kılarken ne tatlı oluyor. Keşke hep namaz kılsalar. Namaz onları çok güzel yapıyor" diye imrenmeli.

Yedi Yaşından On Yaşına Kadar

Çocuk yedi yaşına gelince namaz için ön hazırlıklar tamamlanmalı. Önce taharet öğretilmeli. Kendi başına tuvaletten sonra temizlenmeyi bilmeli. Tuvalet adabı ona iyice anlatılmalı.

Daha sonra abdest öğretilmeli. Çocuğun önünde bizzat abdest alarak uygulamalı olarak gösterilmelidir. Azaların nasıl yıkanacağı, sırasını anlayana kadar acele etmeden anlatılmalıdır. Eksikleri varsa incitmeden giderilmelidir. Özellikle kış günlerinde suyun sıcaklığına dikkat edilmelidir. Çocuğa ilk namaz kıldıracağımız ve abdest aldıracağımız mevsim kışsa dikkat edelim. Soğuk suyla abdest aldırmak onda namaza karşı bir soğukluk meydana getirebilir. Ama yaz mevsiminde sıcakta abdest almak hoşuna gidebilir. Çocuk doğru ve güzel bir abdest aldığında onu takdir etmeli, sevincimizi paylaşmalıyız.

Abdest almayı öğretirken aynı zamanda onun manevi yönünü de anlatmalıyız. Abdest almayı bizden isteyen Allah'tır. Allah nasıl abdest alacağımızı önce Cebrail vasıtasıyla Peygamberimiz[sav]'e öğretmiştir. Peygam-berimiz[sav] de bizlere aktarmış ve ne kadar sevaplı bir amel olduğunu anlatmıştır. Çocuğun dünyasında abdest sevgisi ve ilgisi gelişsin diye faziletleri anlatılmalıdır. Sevgili Peygamberimiz[sav] şöyle buyurmuştur:

"Müslüman abdest aldığında kulağı, gözü, elleri ve ayaklarıyla işlediği günahları dökülür. Şayet (abdestten sonra) oturursa, affedilmiş olarak oturur."[4]

Abdestin manevi tarafıyla birlikte maddi hikmetlerinden de bahsedilmeli.

Abdestten sonra namaz kılarken örtülmesi gereken yerler kızlara ve erkeklere anlatılmalı. Namazda giyecekleri kıyafetler hazırlanmalı. Bunlar, çocuklara özel, onların dünyasına hitap eden vasıfta olmalı. Rengiyle, deseniyle çocuk beğenmeli. Onunla namaz kılmak için can atmalı. Maalesef bu konuda gerekli ihtimamı gösteremiyoruz. Bazen programlarda karşılaştığım manzara hiç de hoş olmuyor. Küçücük çocuklara kocaman bir başörtü örtülüyor. Çocuk bütün enerjisini ve dikkatini başörtüsünü toplamakta kullanıyor. Bu konuda güzel çalışmalar ve çocuklara özel üretimler yapılmalı.

Çocuklara namazda yönelecekleri kıble anlatılmalı. Namazda nerede olursak olalım kıbleye yöneldiğimizi, kıblemizin Kâbe olduğunu söylemeliyiz. Hatta Kâbe, çocuklara resimleri ve görüntüleriyle gösterilmeli.

Namazda okuyacakları tesbihler ve bazı sureler öğretilmeli. Çocuk madden ve manen namaz kılmaya hazırlandıktan sonra namaza başlanmalı. Mümkünse bu iş aceleye getirilmemeli. İlk namaz bir törenle kılınmalı. Kutlanmalı, hayatı boyunca unutamayacağı bir gün haline getirilmeli. Kıldıktan sonra ilgi ve sevgi sözcükleriyle methedilmeli, maddi ödüllerle taltif edilmeli. Çünkü biz hayatımızın en büyük işini yapıyoruz. Yavrumuzu Allah'ın en önemli farzıyla tanıştırıyoruz. Bunu başarmamız hem bizim hem de çocuğumuzun iki cihan saadetidir.

Bu zamana kadar namazı gören, tanıyan ve onu taklit ederek kılmaya çalışan çocuğa artık büyüdüğünü, namaz kılacak yaşa geldiğini anlatmalı. Peygamber Efendimiz(sav)'in bu yaştaki çocukları namaza çağırdığı onlara söylenmeli. "Siz büyüdünüz, namaz kılacak yaşa geldiniz" denmeli. "Senin yaşındayken Peygamberimiz(sav)'in çocukları ve torunları da namazlarını kılıyorlardı. Namaz kılan çocukları O çok severdi. Sen de namaz kıldığında Peygamberimiz seni de çok sevecek" diyerek onu desteklemeli.

Peygamberimiz çocuklara yedi yaşında namazı emreder, on yaşına kadar onların namaz kılacak kıvama gelmelerini tavsiye ederdi. Bu zaman kaçırılmamalı. Aksi takdirde telafisi çok güç olacaktır.

Anne-baba çocuğun sevdiği şeyleri namaza bağlamalı. Namazdan sonra vermeli hediyesini. Ya da sevdiği bir yere namaz kıldıktan sonra götürmeli. Çocuk, sevdiği şeyleri namazla birlikte hatırlamalı.

Bu dönemi çok iyi ve çok yönlü değerlendirmeliyiz. Sıkmadan her fırsatta namazı gündemde tutmalıyız. Namazla ilgili, namazı hatırlatan şeylerle odalarını süslemeliyiz. Hikâyelerimiz bile bu günlerde namazla ilgili olmalı. Keşke namazı anlatacak, öğretecek ve sevdirecek çizgi filmlerimiz olsa. Ne kadar güzel ve kolay olurdu işimiz.

Çocukların kendi aralarında cemaatle namaz kılmaları teşvik edilebilir. Ezan okutup, kamete alıştırılmaları faydalı olacaktır. Çocukların büyüklerin yaptığı bu işlere meraklı olduklarını kendi çocukluğumdan hatırlıyorum.

Hedef; minimum hata, maksimum sonuç elde etmek olmalıdır. Onları incitmeden namazı sevdirmeli, namazın yolunu gözler hale getirmeliyiz. Bu yolda dostlarımızdan, din büyüklerinden, her yönüyle mamur edilmiş camilerimizden, çocuğumuzun sevdiği arkadaşlarından faydalanmalıyız.

On Yaşından Sonra

On yaşına geldiğinde tahareti, abdesti, namaz kılmayı iyice öğrenmiş olmalı. Namazlarını kendiliğinden kılacak kıvama gelmeli. Arada ufak tefek arızalar olursa da anne-baba yardımcı olmalı. Hatta öyle hale gelmeli ki, sabahları kendiliğinden kalkmalı. Büyüklerini de kaldırmanın heyecanını yaşamalı. Sakın "Bu devirde bu mümkün değil" demeyin. Çok şükür ki bunun güzel örneklerini görmeye başladık. Bu döneme kadar olan zamanı iyi değerlendirenler bu meyveleri toplamaya başladılar.

"On yaşından itibaren çocuklar namazın kendilerine farz olacağı döneme yaklaşıyorlar. Buluğ çağına kavuştuklarında namaz farz olacağı için, bu dönemde namazları aksatmadan kılmaya başlamaları gerekir. Kılamadıklarını en uygun zamanda kaza etmeleri sağlanmalı.

Sünnetleri de namazlarına ilave etmeye başlamalılar. Onlara namazda okuyacak kadar sure, dua ve zikirleri öğretmeliyiz. Bunun yanında sehiv secdesi gibi bazı hükümleri de öğretmeli ve uygulamalı olarak göstermeliyiz. Erkek çocukları Cuma namazına ve cemaate götürmeli, güzel insanlarla tanıştırmalıyız. Özellikle konuşması düzgün, kıraati güzel, insani ilişkilerde oldukça başarılı imam efendilerin peşinde kılacağımız namazdan sonra onlarla tanıştırmalıyız.

Çocuk, içinde bulunduğu devrenin son merhalesinde tabiatı gereği ibadet merasimlerinde büyüklere katılmaya meyleder ve ibadetler sırasında onlarla birliktelikten hoşlanır. Bu nedenle baba bu meyli değerlendirmeli ve değişik terbiye vesileleriyle bunu geliştirmelidir.

Çocuk on yaşına ulaştıktan sonra farz namazın edasında kusurlu davranırsa, babanın ona öğüt vermesi, kuralları hatırlatması, Allah ve Resulünün emrini ona benimsetmesi ve delil getirmesi gerekir. Şayet namazı ihmale devam ederse, onu hafifçe azarlamalı, onunla konuşmayı, şakalaşmayı, samimiyeti terk etmeli ve sevdiği şeylerden onu mahrum bırakmalıdır. Bu tür psikolojik cezalar, çocuk ruhunda kuvvetli bir etki yapar."[5]

Ailenizi cemaatle namazdan mahrum etmeyin. Hatta birlikte camiye gidin. Dostlarınızı da buna teşvik edin. Hem bir sünneti hayatımızda diriltelim hem de çocuklarımız için namaz kılmak hayatın bir parçası haline gelsin. Sevgili Peygamberimiz(sav)'in yetiştirdiği güzel insanlar arasında namaz kılmama gibi bir hastalık yoktu. Çünkü onlar namazlarını birlikte mescitte kılıyorlardı. Çocuklar gözlerini mescitte açıyor, orada oynuyor ve orada büyüyorlardı. Biz de mümkün olduğunca namazlarımızı camide cemaatle ve ailece kılmaya çalışalım, inşallah çocuklarımız da camiyi, namazı ve Müslümanları seveceklerdir.

Çocuklarınız sevdikleri bir şeyle meşgulken sakın onlara namaz diye diretmeyin. İşlerinin bitmesini bekleyin ya da sadece hatırlatın. Hatırlatırken de üslubunuza dikkat edin. Kur'an'ın üslubunu kullanın. "Yavrucuğum" veya "oğulcuğum" diye seslenin. Ses tonunuza dikkat edin. Tatlı ve yumuşak söyleyin sözünüzü. Unutmayın tatlı dil yılanı bile deliğinden çıkarır. Çocuğunuzu kendinize ve namaza düşman etmek istiyorsanız, işte tam sırası. Onları sert bir dille eleştirin. Kaba sözlerle namaza kaldırın ve zorla namaz kıldırın. Böyle yaparsanız sizi ve namazı asla sevmeyeceklerdir.

Allah'ı ve Peygamber'i Doğru Anlatmalı

Allah'ı Sevdirmeliyiz

Çocuğumuza Allah'ı doğru tanıtmalıyız. Ona Allah'ı sevdirmeliyiz. Allah'ı severse O'nun emirlerini de sevecektir. Yasaklarından kaçınacaktır.

Allah, sevendir. Sevgiyi yaratandır. Bize sevmeyi öğretendir. O, sevgiyi gönlümüze yerleştirmeseydi biz sevemezdik. Buna rağmen biz çocuklarımıza Allah'ı anlatırken ciddi hatalar yapıyoruz. Haydi şöyle bir düşünelim. Çocukluk günlerimize gidelim. Allah deyince zihnimizde ilk canlanan kelimeyi ya da cümlecikleri hatırladınız mı? Birçok seminerimde dinleyicilere de sordum. Allah deyince ilk hatırınıza gelen nedir diye? Belki abarttığımı düşüneceksiniz ama maalesef ezici bir çoğunlukta cevaplar aynen şöyleydi:

"Allah yakar."

"Allah taş yapar."

"Allah çarpar."

"Allah cehennemine atar."

Allah tasavvurunu bu cümlelerle öğrenen bir çocuğun hikâyesini sizlerle paylaşmak istiyorum:

Kutlu Doğum programlarının yapıldığı bir günde, Hayreddin Bey, eşi ve altı yaşındaki kızıyla birlikte programa gitmektedir. Yolda sohbet ederek giderlerken, Peygamberimiz(sav)'in çocuklara gösterdiği şefkati anlatır Hayreddin Bey. Bu arada pürdikkat babasını dinleyen Merve söze karışır:

"Babacığım biliyor musun, ben Peygamberimizi Allah'tan daha çok seviyorum" der. Hayreddin Bey bir anda beyninden vurulmuş gibi donakalır. Ne diyeceğini, söze nereden başlayacağını şaşırır. "Acaba nerede hata yaptık?" diye düşünür. Başı döner, kalbi sıkışır. Ayakta duracak hali kalmamıştır. Bu arada babasının bu haline anlam veremeyen Merve, "Acaba babamı üzecek bir şey mi söyledim?" diyerek ürkek bakışlarla babasına bakar. Aile içinde derin bir sessizlik oluşur. Az sonra derin bir nefes alan ve zorla kendini toparlayan Hayreddin Bey mümkün oldukça sesini kontrol ederek, olabildiğince yumuşak bir üslupla bu sessizliği şu sözleriyle bozar:

"Hayrola kızım, Peygamberimizi niçin Allah'tan daha çok seviyorsun, bana anlatır mısın? Ben tam anlayamadım" deyince Merve bütün o masum edasıyla cevap verir:

"Babacığım Allah'ın cehennemi var. Yaramazlık yapan çocukları oraya atıp yakacakmış. Ben annemi dinlemediğimde annem bana öyle söylüyor. Az önce sen de anlattın ki Peygamberimiz çocukları çok severmiş. Onları öper, onlarla oynarmış. Hatta onlara hediyeler verirmiş. Ben de onun için Peygamberimizi çok ama çok seviyorum..."

Hayreddin Bey kızının bu itirafından sonra nerede hata yaptıklarını anlar. Demek çocuğa yapılan yanlış telkinler onda bu duyguları oluşturmuş. Hastalık tespit edilince tedavisi aranmaya başlanır. Bundan sonraki günlerde hatalarını düzeltmek için Allah'ın nimetlerini anlatmaya başlarlar. Çocukların cennet çiçekleri olduklarını, Allah'ın onları çok sevdiğini, her şeyi onlar için yarattığını, onun anlayabileceği şekilde aktarmaya çalışırlar.

Şimdi siz de kendinize sorun bakalım. Siz çocuğunuza Allah'ı nasıl anlattınız? Allah deyince çocuğunuzun zihninde neler canlanıyor? Gönlünde hangi duygular oluşuyor? Bu soruların cevabı çok önemlidir. Doğru adım attıysak hedefe ulaşmamız kolaylaşacaktır.

Allah yerlerin ve göklerin sahibidir. Gözlerimizle gördüğümüz, aklımızla kavradığımız bütün güzellikler O'nun eseridir. Kullarını yaratan, yaşatan, büyüten, besleyen O'dur. Akılla donatıp kainatta olan her şeyi kullandıran ve emrine veren O'dur. Aklını vahiyle besleyen, peygamberlerle kılavuzluk ettiren O'dur. Yarattığı kulunu emrince yaşayınca ebedileştirip cennetle ödüllendiren yine O'dur. Böyle bir Allah sevilmez mi?

Allah, kulunu cezalandırmak için yaratmamıştır. Kulunu sevmek için yaratmıştır. Sevmiş ki kendine muhatap kılmıştır. Kulun başına gelenler kendi elleriyle işledikleri yüzündendir. Çoğunu da affetmiştir. O kuluna sayamayacağı kadar çok nimet vermiştir. Dağlar kalem olsa denizler mürekkep yine de bu nimetleri yazamaz.

Çocuklara Allah'ın nimetlerini yaşlarına göre, kavrayabilecekleri şekilde anlatmalıyız. Örneğin ilkbaharda, ölümünden sonra dirilen doğayı seyrettirelim. Kupkuru toprağa bu güzelliği bahşedeni tanımasına yardımcı olalım. Yemyeşil bezenmiş yeryüzünde açan rengarenk çiçekleri, bin bir çeşit meyveleri, enfes tat ve kokuları verenin Allah olduğunu göstermeli, anlatmalı ve yaşatmalıyız. Nimetlere hayran kalan yavrularımız bunları veren Allah'ı sevecek, O'na teşekkür edecek ve bunlara hem bu dünyada hem de ahirette sahip olmak için O'na seve seve ibadet edecektir. İnsanoğlu kendisine iyilik edeni sevecek kabiliyette yaratılmıştır. Hele bu bütün nimetlerin sahibi Yüce Allah ise...

Çocukları Tertemiz Yaratıyor

Allah doğan bütün çocukları tertemiz yaratıyor. Onu kirleten ise ailesi ve çevresidir. Sevgili Peygamberimiz(sav) durumu bizlere şöyle bildiriyor:

"Her doğan çocuk fıtrat üzere doğar; sonra ebeveyni onu Hıristiyan, Yahudi veya Mecusi yapar. Eğer anne-babası Müslüman ise çocuk da Müslüman olur."[6]

"Hadis-i şerifte geçen 'fıtrat' kelimesi lügatte, 'Allah'ın, varlıkları, kendisini bilip tanıyacak ve idrak edecek bir hal üzere yaratması' anlamına gelmektedir. Ancak burada önemli olan nokta şudur ki, insanlardaki Allah inancı biyolojik olarak fıtri (yaratılıştan gelen) değildir. Eğer böyle olsaydı hiçbir ateistin dinsiz olmaması gerekirdi.

Bu konuda Cevdet Said'in söyledikleri gerçekten dikkate değerdir. O, 'Fıtrat üzere doğmak demek, Müslüman olarak doğmak demek değildir. Çocuk bilistidat Müslüman olarak doğmuştur. Bunu bilfiil Müslümanlığa dönüştürmesi ancak nefsi arındırma ameliyesi ile olur. Çünkü çocuk etrafı yalıtılmış biçimde bırakılırsa bilfiil Müslüman olamaz. Onu Müslüman kılan şey yine çevresinin, ana-babasının ya da onların yerine geçebilecek faktörlerin etkisidir' derken adeta yukarıdaki hadis-i şerifi izah ediyor. Fıtratı bir suyun akışına benzetebiliriz. Nasıl ki bu su, mecrasında akmasına müdahale edilmediğinde, kolaylıkla hedefine doğru akıp giderse; fıtrata müdahale edilmediğinde kişi de hak dine yönelecektir. Nitekim çocuğun samimiyetini, doğruluğunu, hilesiz ve saf bir davranış içinde bulunduğunu pek çok kereler müşahede etmişizdir. Ama sonradan yakınlarının telkin ve tesiriyle yalan söylemeyi, hilekârlığı, mürailiği öğrenerek fıtratı bozulmaktadır.

Sonuç olarak fıtrat, insanın doğuştan, tabii olarak Allah'a inanmaya yetenekli ve dini inancı kabul etmeye elverişli bir yaratılışta olduğu anlamına gelir. Çocuk iyiliğe ve kötülüğe elverişli olduğu gibi, doğruya ve yanlışa inanmaya da yetenekli bir yaratılışa sahiptir."[7]

Çocuk bize tertemiz teslim ediliyor. Yukarıda da belirtildiği üzere yaratılışı itibariyle iyiliğe, güzelliğe ve ibadet etmeye elverişli bir haldedir. Onu işlemek, bilgilendirmek, Allah'ın razı olacağı bir kul olarak yetiştirmek bizim elimizdedir. Ona namazı zamanında iyi bir şekilde anlatsak, tecrübe ettirerek uygulatsak kılmakta zorlanmayacaktır.

"Çocuk anne babasının yanında bir emanettir. Onun her türlü şekli almaya hazır, temiz ve boş kalbi adeta bir cevherdir. O her türlü nakşa müsait olduğu gibi, meylettirildiği her şeyi almaya da kabiliyetlidir. Eğer çocuk iyiliklere yönelirse, hayır üzere büyür, dünya ve ahirette mesut olur."[8]

Allah'ın emaneti olan çocukları kirleten biziz. Onları kendi ellerimizle ateşe hazırlıyoruz. Bazen ihmalimiz, bazen cahilliğimiz, bazen de yanlış merhametimiz buna sebep oluyor. Çok defa çevremde şahit olduğum yanlış bir merhamet örneğini burada zikretmekte fayda görüyorum. Okula giden çocuğunu sabah namazına kaldırmayan anneler, bunu onlara olan şefkat ve merhametinden yaptıklarını söylüyorlar. Gerçekten bu bir merhamet midir? Yoksa evladına yaptığı büyük bir ihanet mi? Merhamet ediyorsa neden akşam erken yatırmaz? Neden onun ebedi hayatını düşünmez? Ebedi olan ahiret hayatına neden dünyayı tercih eder? Üstelik merhamet kahramanlığını üstlenen bu anne, Allah'tan ve Resulünden daha mı merhametlidir? Bize namazı emreden Allah değil mi? Öğreten Sevgili Peygamberimiz(sav) değil mi? O, biricik kızını bile, "Sakın 'babam peygamber' diye namazında ihmalkârlık yapma!" diye uyarmıştır.

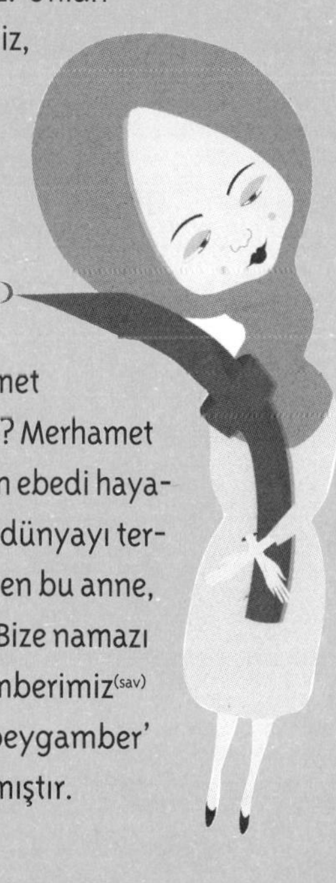

Peygamberimizi Sevdirmeli

Çocuklarımıza Sevgili Peygamberimiz(sav)'i sevdirmeliyiz. O'nu tanırlarsa seveceklerdir. Öyleyse nasıl tanıtmalı ki onu sevsinler. Bunun üzerinde düşünmeli, onu sevdirmenin yollarını aramalıyız. O'nun dünyasında çocukların çok özel bir yeri vardı. O, çocukları, çocuklar da O'nu severdi. Çocukları, *"Kalplerin meyvesi. Gözlerin nuru"* olarak tarif ederdi.

Çocuk, Peygamberimiz(sav) için mutluluk kaynağıdır. Çocuk mutlulukta kalp ve gözün tatmin noktasıdır. Mutluluğun merkezi kalptir. Çocuk hem kalbi doyurmaktadır, tatmin etmektedir, hem de gözü memnun etmektedir.

Peygamberimiz(sav)'in hayatı, Kur'an'ın ta kendisi olmuş. Bakışı da öyle... "Gözlerin nuru" dediği çocuğa, Kur'an'da "*kurrate a'yun*" [Furkan, 74] der. Yani gözbebeği... Gözün nuru olmazsa görme eylemi olmayacağı gibi, gözün bebeği de olmazsa insan göremeyecektir. Çocuk, hayatı görünür kılmaktadır.[9]

Peygamberimizin, Çocuklara Eğitim Metodu

Sevgili Peygamberimiz(sav) çocuklarla yakından ilgilenir. Kendisiyle onlar arasına hiçbir engel koymaz. Çocukların çekinip ürkmelerine sebebiyet verecek her çeşit tutumdan kaçınır, onların teklifsizce yanaşıp konuşmalarını teşvik edecek davranışlara ehemmiyet verir.

Rahatça yanına gelmelerine imkân sağlar. Rastladıklarına selam verir. Hal ve hatırlarını sorar. Onlara karşı şefkatli olmayı tavsiye eder. Bu konuda güzel örnekleri takdir ederek teşvik eder. O, çocukları sevgiyle doyurur. Çocukların yemeye, içmeye, havaya, güneşe ne kadar ihtiyacı varsa, en az bunlar kadar sevgiye de ihtiyaçları olduğunu, günümüzde bu konuda çalışma yapan uzmanlar söylemektedir. Bu konuda yine en güzel örneğimiz Sevgili Peygamberimiz(sav)'dir.

Herkesi çocuklarını öpmeye teşvik eder ve şöyle der:

"Çocuklarınızı çok öpün, zira her öpücük için size cennette bir derece verilir ki iki derece arasında beş yüz yıllık mesafe mevcuttur. Melekler öpücüklerinizi sayarlar ve sizin için yazarlar."[10]

Torunlarını öperken Hz. Peygamber'i gören Akra' İbnu Habis bunu yadırgayarak:

"Benim on çocuğum var hiçbirini de öpmedim" der. Hz. Peygamber ona yönelerek şu cevabı verir:

"Şefkatli olmayana merhamet edilmez." Başka birine ise şu cevabı verir:

"Allah kalbinden merhameti çıkardıysa ben ne yapabilirim?"[11]

Hz. Peygamber(sav) sadece kendi çocuklarını değil bütün çocukları aynı şekilde sever ve öperdi.

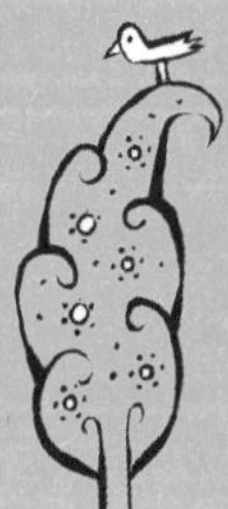

Anne-Baba Ne yapmalı?

İnsanlara
anlayabilecekleri şekilde
konuşunuz.
[Hadis- Şerif]

Sevdiği Alanda Namazını Kılan Modellerle Tanıştırın

Çocuklar çevresinde beğendiği, ilgiyle takip ettiği şahıslarla tanıştırın. Onlarla birlikte namaz kılmasını sağlayın. Böylece namaz kılmayı daha çok sevecektir. Sadece namaz kılanın kendisi ve ailesi olmadığını görecek, önemli kişilerin de namazı baş tacı yaptıklarına şahit olacaktır.

Çocukların ilgi duyduğu saha ne ise o sahadan örnekler sunmalıyız. Spor alanında, müzikte, basın-yayında ahlaklı, namazını kılan güzel örnekler onları motive edecektir.

Namaz Kılan Yaşıtlarıyla Aynı Mekanlarda Bulunmalarını Sağlayın

"Çocuğa emsali arasında din ve diyanetine bağlı arkadaşlar edinmesini sağlamak da çok önemlidir. Sağlamakla da kalmamalı, anne-baba bu işin takipçisi olmalıdır. Onun dini değerlere saygılı yetişmesi için baskıcı olarak değil, yönlendirici bir tavırla çocuk hep gözlemlenmeli ve en kıymetli varlığımız olarak herkese emanet edilmemelidir. İnsan tanımadığı birisine en değersiz bir eşyasını bile teslim etmezken nasıl olur da en değerli varlığı olan evladını teslim eder. Mesela yolda biri gelip size dese ki:

'Arkadaş cüzdanını çaldırabilirsin, ülkemizde çok şikâyet var; ver o cüzdanını muhafaza edeyim!'

İtimat eder misiniz? Hayır! Tanımadığınız bir adama ne cüzdanınızı ne çantanızı emanet edersiniz. Öyleyse nasıl oluyor da, çarşıda, pazarda tanımadığınız, bilmediğiniz kimselere çocuğunuzu emanet ediyor veya takipçiliğini onlara bırakıyorsunuz?

Evet, iyi bir arkadaş seçme anne-babanın görevidir. Sadi'nin *Gülistan*'da dediği gibi, kötü arkadaş karayılandan, kobradan daha kötüdür. Onu zehirler, olumsuz şeylerle meşgul eder. İyi arkadaş melekten daha iyidir. Onunla beraber olduğunda melek ufuklarında dolaşır.

Çocuğun, duygu ve düşüncesinin şekillenmesinde arkadaş çevresi çok önemlidir. Eğer çocuk kötü bir çevre edindiyse, onu derhal oradan uzaklaştırmalı, itimat edeceğiniz uygun bir yere göndermelisiniz. Hatta doğup büyüdüğü mahallede etrafını kötü arkadaşlar sarmışsa; belli yollarla onu mutlaka, o arkadaşlarına karşı izole etmeli, başa çıkamıyorsanız okuldan alıp başka bir beldeye göndermelisiniz. Ancak orada da ilk tanışacağı arkadaşlarının dindar, iffetli, namuslu olmalarını sağlamalısınız.

Nerede olursa olsun çocuk, içine girdiği muhitte hemen dini havayı görmeli, başkalarıyla daha yüksek düşünceler etrafında kaynaşmalı ve hemdem olmalıdır. Belki anne sinesine taş basacak, baba da kesesinin ağzını açma mecburiyetinde kalacak ama Allah'ın hem kendisine, hem de evladına azap edeceği günlerin endişesiyle oturup kalkacak, bugünü ve yarını adına, yılan çıyan ebeveyni olmamaya çalışacaktır. Bazen çocuk ders çalışmak için birinin evine gidecektir; bu durumda bile yine gözünüz hep onun arkasında olacaktır.

Çocuk arkadaşlarının evlerine gitmeli ama o evlerin taşı, toprağı, duvarı Allah demeli, ezan-ı Muhammedi okunduğunda seccadeler serilmeli, aile efradı saf bağlamalı ve cemaatle namaz eda edilmelidir. İşte böyle evlerin gençleriyle çocuklar arkadaş edilmeli, onlarla ders çalışmalı, gidip gelmeleri teşvik edilmelidir. Eğer onun gidip geldiği ev, nefsaniliğin şahlandırıldığı günahlara açık yamaçlar gibi ise siz çocuğunuzu kaybetmiş sayılırsınız."[12]

Çocuğumuzu sevdiği arkadaşlarının gittiği camiye götürmek işimizi kolaylaştırır. Orada yalnız olmadığını görür. Arkadaşlarından güç alır. Sevdikleriyle aynı mekânda olmaktan huzur bulur. İçinde bulunduğu ortam onu kucaklar. Kendine güveni artar.

Burada çocuklar kendi haline de bırakılmamalı. Kendi hallerine bırakıldığında birbiriyle oyuna dalıp gülüşmeye, itişmeye başlayabilirler. Bu da diğer cemaati rahatsız eder. Oradakilerden gelecek olumsuz bir tepki yine çocuklar nazarında camiye ve cemaate karşı bir nefret uyandırabilir. Öyleyse çocukları camiye götürdüğümüzde onları yanımızda kollamalıyız. Namazdan sonra cemaat dağılınca kendi gözetiminizde camiyi tanımalarına, içinde rahatça dolaşmalarına imkân sağlamalıyız.

Arkadaşlarınızla Yardımlaşın

Dostlarımızdan faydalanmalıyız. Kendi çocuklarımıza sık sık namaz telkini yapmaktansa onlara bu telkini dostumuz yapmalı. Kredimizi tüketmemeliyiz. Çocuklar başkalarının sözlerine daha çok dikkat eder. Birkaç arkadaşın çocuğunu bir araya getirip onlarla bu işi iyi yapacak bir arkadaşımız ilgilenmeli. Onlarla arkadaş olmalı, sohbet etmeli, onları dinlemeli. Hatta onlarla birlikte geziler düzenlemeli. Namaz vakti gelince birlikte namaz kılmalı. Yalnız kalmadan arkadaşlarıyla birlikte namaz kılmalı. Bu arada namaz bilincini geliştirecek hatıralar anlatılmalı, peygamberlerin namaz ve ibadet mücadeleleri aktarılmalı. Bir hocamız şöyle demişti:

"Ben çocuklarıma '*namaz kılın*' demedim. Bu tebliği arkadaşlarımın eliyle yaptım. Çok da başarılı oldum. Hamd olsun namazlarını aksatmadan kılıyorlar."

Bizzat Yaşayarak Örnek Olun

Yukarıda saydığımız bütün maddeler, çocukların namazı sevmesi ve zorlanmadan kılabilmesi bakımından önemlidir. Ancak hepsinden önemlisi, yaşayarak örnek olmaktır. Ne kadar güzel anlatırsanız anlatın, yaşamadığınız şeyler etki bırakmayacaktır. Bıraksa da istediğiniz sonucu alamayacaksınız. Güzel bir söz var: "Dudaktan çıkan söz, dudakta kalır; kalpten çıkan söz ise, kalbe ulaşır." Önce sizin namaz sevdalısı olmanız gerekiyor. Gönlünüz namazda, kulağınız ezanda olmalı. Çocuk sizin bu hassasiyetinizi görmeli. Ezan okunduğunda yaptığınız ilk iş, namaz kılmak oluyorsa, sözünüz tesir edecektir. Mümkünse ezan okunmadan beş on dakika önce namaz hazırlığını tamamlamalı, hanımlar evde ezan okunur okunmaz namazını kılmalı; beyler camiye gitmeli.

"Dokuz yaşındaki Burcu, annesi için şunları yazmış: 'Anlayışlı annem, benim televizyon seyretmemi istemediği zaman, kendisi de çok sevdiği bir dizi film veya programı izlemekten vazgeçiyor. Annemin bu anlayışına hayranım.'

Bir başka küçükse şunları yazmış: 'Annem hep bana, odanı derli toplu tut ve beni örnek al, der. Ama kendi odasını bir türlü derli toplu tutmuyor. Bir de onun odasına bakın' demiş ve mukayese için iki ayrı resim çizmiş. Çocukların dikkatlerinin nerelere uzandığına dikkat edelim.

Bu sebeple, çocuklarıma bazı tavsiyelerde bulunurken etkisini artırmak için şunu da ilave ediyorum: Ben bunu size söylüyorum ama habersiz olduğum zamanlarda dikkat edin, acaba ben yapıyor muyum?"[13]

Bugün yaptığımız en büyük yanlış, işimizi, sohbetimizi, misafirimizi, alışverişimizi, uykumuzu ve cemaat faaliyetlerimizi namazımızın önüne koymamızdır. Bu nedenle hem işlerimizin bereketi olmuyor, hem de namaz konusunda nefsimiz ve neslimiz tembel davranıyor. Burada Rabbimizin şu uyarılarını hatırlamalıyız:

"Siz ey iman edenler! Niçin söylemlerinizle eylemleriniz birbirine uymuyor? Yapmadığınız/yapmayacağınız şeyleri söylemeniz, Allah katında ağır (sonuçları) olan nahoş bir davranıştır!" [Saff, 2-3]

"Siz Kitab'ı okuyup durduğunuz halde, kendinizi unutup da, (diğer) insanlara iyilik yapmalarını (ve takvayı) mı emrediyorsunuz? (Bunun çirkin olduğunu) hiç düşünmüyor musunuz?" [Bakara, 44]

"Anne babanın çocuk için en önemli örneği teşkil ettiği, çocuk psikolojisi ve eğitimi ile ilgili kaynaklarda üzerinde genişçe durulan konulardan biridir. Yukarıdaki ayetler anne babalara, dini prensipleri bizzat yaşayarak örnek olmalarını emretmektedir.

Özellikle okul öncesi dönemde çocuk, kendine özdeş tutacağı model olarak anne ve babasını alır; onların özellikleriyle değer yargılarını örnek olarak benimser, hareketlerini, konuşma ve davranışlarını taklit etmeye uğraşır. Bir başka deyişle, çocuk dış dünyayı anne ve babasının gözlüğü aracılığı ile görmeye çalışır.

Çocuk psikolojisi araştırmacıları çocuğun bir modele ve örneğe ihtiyacı olduğu görüşünde birleşmektedirler; çünkü çocuklar sosyal ve dini tutumlarını geniş ölçüde aile içinde, anne ve babalarının konuşma ve davranış modellerinden elde etmektedirler. Bu örnek ve model çocuğun ruhuna işlemekte, duygularına tesir etmekte ve onu belli bir yöne çevirmektedir. Böylece çocuk, yaratılıştan getirdiği taklit etme özelliğiyle, güvendiği ve etkisinde kaldığı anne ve babasını kopya etmeye çalışmaktadır. Yine yapılan araştırmalarda, çocuklardaki dini tavırlarda yetişkinlerin izlerinin olduğu ortaya konulmuştur.

Çocuklar üzerinde en önemli etkiyi anne babanın davranışlarının yaptığını, müspet davranışların doğrudan çocuğa yansıdığını ve onun dini yaşantısına olumlu bir şekilde katkıda bulunduğunu da ortaya koymuştur."[14]

Birlikte Namaz Kılın

Çocuklarımızı namaza alıştırmak ve onlara namazı sevdirmek için daha küçük yaştan itibaren bazı namazları evde cemaatle kılmalıyız. Çocuklar anne ve babalarını namaz kılarken görmeli. Sevgili Peygamberimiz de nafile namazları evde kılar, bizlere de tavsiye eder. Şöyle buyurur:

"Namazlarınızdan bir kısmını evinizde kılınız ve evinizi (içinde namaz kılınmayan) kabir haline koymayınız."[15]

Başka bir hadis-i şeriflerinde ise:

"Sizden biriniz namazını camide kıldığında, namazının bir kısmını da evinde kılsın. Çünkü Allah Teâlâ o namaz sayesinde o kimsenin evine hayır ve bereket ihsan eder."[16]

Ailenin, namazın bir davetiyesi olarak ezana hürmeti istikrarlı bir şekilde sergilemesi gerekir. Ezana saygı, onu duyunca susma, evde onu terennüm etme ve daha önemlisi, kimi randevuları ezana ayarlı yapmaktır: "Ezandan sonra gideriz, ezan okunsun konuşuruz..." gibi.

Cuma, bayram namazları, kalabalık cenaze namazları (yaşı açısından uygun ise), çocuğa namazın tanıtılıp sevdirilmesi açısından muhakkak değerlendirilmesi gereken fırsatlardır. Önceden hazırlığı yapılarak Cuma namazına götürülmeli ve camide onun için sıkıcı olmayan bir yerde namaz kılması sağlanmalıdır.

Evde namazı hayatın ayrılmaz parçası olarak sevdirme çalışması yapılmalı. Bunun için, evde kılınan namazları, yalnız bir odada değil, çocukların da bulunduğu bir odada kılmayı tercih etmek gerekir.

Çocuklara muğlak ifadeler kullanılmamalıdır. Namazı emreden cümleler, çocuğun yaşı, tepkisi ve itaati ile orantılı tutulmaya çalışılmalıdır.

Mesela şu altı cümle söylenecekleri yer bakımından farklıdırlar:

- Namaz kıldın mı canım?
- Lütfen namazını geciktirmeden kılar mısın?
- Çıkma vaktimiz gelmeden namazı kılıver canım.
- Bak, namazı unutacaksın, hemen kılıver!
- Haydi tatlım. Namaz çok gecikti. Namaz böyle gecikmeleri kabul etmez.
- Namazı ihmal etmenin ne kadar tehlikeli olduğunu, ne büyük ecirler kaybettiğini biliyor musun? Haydi canım, davran!

Namaza alıştırmada sevgi ve şefkat esastır. Katı tutumlar ikiyüzlülüğe itebilir. Ancak sevginin ölçüsü kaçırılıp, otorite kaybedilmemelidir.

Piknik ve benzeri ev dışında yapılan ve çocuklar açısından özlenen gezilerde, muhakkak bir cemaatle namaz bölümü oluşturmak gerekir. Aynı şekilde eve gelen misafirlerle ve misafirliğe gidilen yerlerde bir cemaat namazı eda edilmelidir. Gerekiyorsa bunun için o vakitte cami cemaati de terk edilebilir.

Namaz eğitimi esnasında çocuğa onu kendi emsalleri ile kıyasladığınızı söylememelisiniz. "Filanca çocuğu görüyor musun?" dememelisiniz. Gerçekte de hiçbir çocuk diğerinin aynı değildir. Ne yaş benzerliği ne de kardeşlik gibi değerler, kapasitelerinin aynı olduğu anlamına gelmez. Her çocuk ayrı kimlik kartı taşıdığı gibi, farklı kavrama yeteneği ve kapasiteye sahiptir.

Ebeveyn olarak aynı noktadan hareket etmeye çalışınız. Sizin aranızdaki fikir farklılıkları eğitiminizin en azından gecikmesine neden olur. Çok zorlanırsanız sadece birkaç ortak noktadan hareket etmeye gayret ediniz.

Bu uzun süreli eğitim çalışmasında kısa zaman dilimleri için çocuğu serbest bırakarak, verdiğiniz eğitimin ne denli iz bıraktığını deneyiniz.

Namaz eğitiminde anne babanın en büyük malzemesi sabırdır. Sabrı bile sabırla tutmaya çalışmalıdır. Çocuğun balon gibi şişmesini beklemeyin. Çınar gibi büyütün ki, ebedi iz bırakabilesiniz. Bedeninin büyümesini sabırla beklediğiniz gibi, namaza hazırlanmasını da sabırla bekleyiniz. Namaz uğruna harcanan çaba çok değerlidir. Sabredin ve çocuğu şeytana terk etmeyin. Siz onu namaz için eğitirken en büyük rakibinizi unutmayın: Şeytan o çocuk doğduğu günden beri beklemektedir. Namaz eğitimi hayat boyu sürecek bir ibadet eğitimi olduğu için bir defa hatta birkaç defa aynı şeylerin tekrarından asla kaçınmayın. Şeytan yıllardır bıkmadı, usanmadı, biz neden usanalım ki? Sakın çocuğu çevrenizden uzaklaştırmak gibi bir yöntemi denemeyin. Eğer bir zaman sizden ayrı kalacaksa o da sizin yaptığınızı yapacak birisinin kontrolünde olmalıdır. Kaybettiğiniz birkaç vakit sizi yıldırmasın. Ebedi cennetler sizin olacaktır.

Sonunda hangi noktaya gelmek istediğinizi baştan biliniz:

"Namazı öğretmeyi değil, sevdirip kıldırmayı hedefliyoruz."[17]

Güzel Bir Çevrede Yetiştirin

Çocukları yetiştirmenin olmazsa olmazlarından biri de güzel bir çevredir. Başka bir ifadeyle, dindar insanların çoğunlukta olduğu, güzel örneklerle haşir neşir olduğu bir çevrede yetişen çocuklar namaz kılmada zorlanmayacaktır. Bu, Sevgili Peygamberimiz(sav)'in çokça üzerinde durduğu bir konudur aynı zamanda. Yüz insanı öldüren bir eşkıyanın, tövbe ettikten sonra çevresini değiştirmesi hadisesini bizlere örnek olarak gösterir.

M. Esad Coşan Hoca Efendi birçok sohbetinde bunun üzerinde dururdu. Çevresinde sevenlerine, birlikte oturmalarını, güzel mahalleler ya da siteler kurmalarını, sitelerin bizim mimarimize göre oluşturulmasını, merkezde cami ve müştemilatının olmasını, şehrin, mahallenin merkezinde cami, hayatın merkezinde namazın olması gerektiğini anlatırdı. Bu konuda kendilerinin öncülük ettikleri Ankara'da Özelif sitesinde yetişen çocukların oyunlarında ezan ve namaz olduğunu sevinçle naklediyordu. Hoca Efendi bu konuda şu tavsiyelerde bulunuyordu:

"Eğer yaşadığınız yerde henüz kendiniz ve aileniz için uygun, İslami bir çevreniz yoksa her şeyden önce ve derhal, kafa dengi ve gönüldaş insanlardan müteşekkil bir çevre kurmaya başlayınız; dikkat, itina, ihtimam, sabır ve teenni ile adeta ilmik ilmik örerek, iplik iplik dokuyarak, tuğla tuğla dizerek bunu kurmaya ve teşkil etmeye çalışınız.

Böyle İslami, meşru ve mübarek bir çevre zaten mevcutsa, onun kıymetini çok iyi biliniz, onun için Allah'a şükrediniz; ondan uzak kalmamaya ve kopmamaya çok gayret ediniz. Onu geliştirmek ve daha verimli, daha faydalı, daha hoş ve renkli hale getirmek için, kendi adınıza, üzerinize düşen görevleri, zevk ve şevkle yerine getirmeye çalışınız."[18]

Çevrenin çocuklar üzerindeki etkisi herkesin malumudur. Olumsuz bir çevreye gittiğinizde birkaç gün sonra çocukların konuşmalarında bile bunun etkisini görürsünüz. Hele ezansız, camisiz ve cemaatsiz bir ortamda yetişen çocuklara ne demeli? Onlara yapılacak en büyük kötülük ve ihanetin böyle bir çevrede yetişmek olacağını düşünüyorum. Bu konuda tarihi bir itirafı ve tecrübeyi Yahya Kemal'in *Ezansız Semtler* isimli yazısından naklediyorum:

"Kendi kendime diyorum ki: Şişli, Kadıköy, Moda gibi semtlerde doğan, büyüyen, oynayan Türk çocukları milliyetlerinde tam bir derecede nasip alabiliyorlar mı? O semtlerdeki minareler görülmez, ezanlar işitilmez, Ramazan ve kandil günleri hissedilmez. Çocuklar Müslümanlığın çocukluk rüyasını nasıl görürler?

İşte bu rüya, çocukluk dediğimiz bu Müslüman rüyasıdır ki bizi henüz bir millet halinde tutuyor. Bugünkü Türk babaları, havası ve toprağı Müslümanlık rüyası ile dolu semtlerde doğdular, doğarken kulaklarına ezan okundu, evlerinin odalarında namaza durmuş nineler gördüler, mübarek günlerin akşamları bir minderin köşesinden okunan Kur'an'ın sesini işittiler; bir raf üzerinde duran Kitabullah'ı indirdiler, küçücük elleriyle açtılar, gülyağı gibi bir ruh olan sarı sayfalarını kokladılar. İlk ders olarak besmeleyi öğrendiler; kandil günlerinin kandilleri yanarken, Ramazanların, bayramların topları atılırken sevindiler. Bayram namazlarına babalarının yanlarında gittiler, camiler içinde şafak sökerken tekbirleri dinlediler, dinin böyle bir merhalesinden geçtiler, hayata girdiler...

Bugünün çocukları büyük bir ekseriyetle yine Müslüman semtlerde doğuyorlar, büyüyorlar, eskisi kadar derin bir tahassüs ile değilse bile yine Müslümanlığı hissediyorlar. Fakat fazla medenileşen üst tabakanın çocukları ezansız yeni semtlerde alafranga terbiye ile yetişirken Türk çocukluğunun güzel rüyasını göremiyorlar. Bu çocukların sütü çok temiz, hilkatleri çok metin olmalı ki, ileride alafranga hayat Türklüğü büsbütün sardıktan sonra milliyetlerine bağlı kalabilsinler, yoksa ne muhit ne yeni yaşayış, ne semt, hiçbir şey bu yavrulara Türklüğü hissettiremez.

Ah! Bu cedlerimiz! Onlar da Galata, Beyoğlu gibi Frenk semtlerinde yerleşirlerdi, fakat yerleştikleri mahallede Müslümanlığın nuru belirir, beş vakitte ezan işitilir, asmalı minare, gölgeli mescid peyda olur; sokak köşesinde bir türbenin kandili uyanır, hasılı o toprağın o köşesi imana gelirdi; Beyoğlu'nu ve Galata'yı saran yeni yapıların yığını arasında o mescidlerden, o türbelerden bir ikisi kaldı da gördük ki cedlerimiz o kefere Frenk mahallelerinin toprağına böyle nüfuz ederlerdi. Biz bu günün Türkleri bilakis Şişli, Nişantaşı, Kadıköy, Moda gibi küçük bir şehri andıran yerlere yerleştik, fakat o yerler Müslüman ruhundan ari, çorak ve kurudur. Bir Üsküdar'a bakınız bir de Kadıköy'e, Üsküdar'ın yanında Kadıköy, Tatavla'yı -bugünkü Kurtuluş'un eski ismi- andırır. Eski Türklerin ruhları ile yeni Türklerin ruhları arasındaki farkı anlamak isterseniz bu son asırda peyda olan semtlerle eski İstanbul içlerini mukayese ediniz. Medenileştikçe Müslümanlıktan çıktığımızı tabii ve hoş gören eblehler uzağa değil Balkan devletlerinin şehirlerine kadar gitsinler. Görürler ki baştanbaşa yenileşen o şehirlerin her tarafından çan kuleleri yükselir, Pazar ve yortu günleri çan sesleri işitilir. Manzara halkın dinini ve milliyetini hatırlatır. O şehirler bizim yeni semtlerimiz gibi milli ruhtan ari değildirler. Artık Türk milletinin ruhu bir rayiha gibi uçtu mu? Hayır, büyük kütlede yine o ruh var fakat biz son nesil bir sürü gibi büyük kafileden uzaklaştık, kaybolduk, fakat daha uzağa gitmeyeceğiz, tekrar büyük kafileye iltihak edeceğiz. Yeni tarzda yaşayışla cedlerimizin diyanetini mezcedip, bizi bu çoraklıktan, bu karanlıktan, bu ufunetten kurtaracak mürşidler, şairler, edipler, hatipler yetişmedi fakat gayet tabii bir revişle büyük kafileye kendi kendimize döneceğiz.

...

Dört sene evvel Büyükada'da oturuyordum, bayramda bayram namazına gitmeye niyetlendim, fakat Frenk hayatının gecesinde sabah namazına kalkılır mı? Sabah erken uyanamamak korkusuyla o gece hiç uyumadım. Vakit gelince abdest aldım. Büyükada'nın mahalle içindeki sakit yollarından kendi başıma camiye doğru gittim. Vaiz kürsüde vaaz ediyordu. Ben kapıdan girince bütün cemaatin gözleri bana çevrildi. Beni daha doğrusu bizim nesilden benim gibi birini, camide gördüklerine şaşıyorlardı. Orada o saatte toplanan ümmet-i Muhammed, içine bir yabancının geldiğini zannediyordu. Ben içim hüzün dolu yavaş yavaş gittim. Vaazı diz çöküp dinleyen iki hamalın arasına oturdum. Kardeşlerim Müslümanlar bütün cemaatin arasında yalnız benim vücudumu hissediyorlardı. Ben de onların bu nazarlarını hissediyordum. Vaazdan sonra namazda ve hutbede onların içine karışıp Muhammed sesi kulağıma geldiği zaman gözlerim yaşla doldu. Onlarla kendimi yek dil, yek vücud olarak gördüm. O sabah, o Müslümanlığa az aşina Büyükada'nın o küçücük camii içinde, şafakta aynı milletin ruhlu bir cemaati idik. Namazdan çıkarken, kapıda ayandan Reşid Akif Paşa durdu. Bayramlaşmayı unutarak elimi tuttu:

— Bu bayram namazında iki defa mes'udum, hamdolsun sizlerden birini kendi başına camiye gelmiş gördüm! Berhudar ol oğlum, gözlerimi kapamadan evvel bunu görmek beni müteselli etti, dedi.

Hem geldiğimi hem de bayramımı tebrik etti. Yanındaki eski adamlar da onun gibi tebrik ettiler. Bu basit hadiseden pek samimi olarak mahzuzdular. O sabah gönlüm her zamandan fazla açıktı.

Biz ki minareler ve ağaçlar arasında ezan seslerini işiterek büyüdük. O mübarek muhitten çok sonra ayrıldık, biz böyle bir sabah namazında anne millete tekrar dönebiliriz. Fakat minaresiz ve ezansız semtlerde doğan, Frenk terbiyesiyle yetişen Türk çocukları dönecekleri yeri hatırlayamayacaklar!"

Yahya Kemal'in bu yazısı bizlere çok şey söylüyor. Çocuklarımızın ezansız semtlerde büyümesiyle neler kaybedeceğini bizzat kendi tecrübesiyle anlatıyor. Onun için çocuklarımızı namaza alıştırırken, mümkünse camiye yakın bir yerde oturmaya ya da hiç olmazsa ezanın rahat duyulabileceği bir mekânda yaşamaya çalışmalıyız. Sevgili Peygamberimiz(sav) Mekke'den Medine'ye hicret ettiğinde ashabıyla ilk karşılaştığı Kuba mahallesinde, daha dinlenmeden mescid inşasına başladı. Medine-i Münevvere'ye vardığında da yine aynı şekilde, kendi barınacağı evden önce mescid yaptı. Şehrin merkezine mescid kurarak, şehrin planını ona göre düzenledi. Müslümanların kurduğu şehirlerde şehrin merkezinde ve en iyi görünen yerinde cami yapılır, ezanın işitilmeyeceği yer neredeyse hiç bulunmazdı. İnsanlar güne ezanla başlar, namazla hayatlarına yön verirlerdi. Randevularını bile namaza göre ayarlarlardı. Böyle bir ortamda yetişen çocukların elbette namaz kılmama gibi bir hataları olmayacaktır. Çocuklarımıza böyle bir ortam hazırlamak, biz anne ve babaların en önemli görevidir.

Takdir Edin

Çocuğunuz namaz kılmaya başladığı zaman, onu takdir edin. Memnuniyetinizi gösterin. Allah Kur'an-ı Kerim'de yapılan güzel davranışların karşılığından bahseder. İnananları cennetle müjdeler.

Çocuğunuz namazlarını düzenli kılmaya başladığında bunu aile içinde ve arkadaş çevresinde gündem yapın. Onun da duyacağı şekilde sevincinizi anlatın. İnsan, takdir edilmekten, beğenilmekten hoşlanır.Bu konuyla ilgili bir hatıramı sizlerle paylaşmak istiyorum:

Şanlıurfa'da tanıştığım, sekiz yaşındaki bir çocuğu namazlarını düzenli kıldığı için sahneye çağırdım. Çocuk sahneye geldiğinde salondakiler kuvvetli bir şekilde alkışladılar. Çocuk utandı, yanakları pembe pembe oldu. Onu tepeden tırnağa giydirmeye karar verdik. Ve çocuğu yerine uğurladık. Programdan sonra babasıyla tanıştık. Babası da bu ödül töreninden çok memnun oldu. Böyle bir şey yapacağımızı onlar da bilmiyorlardı. Sonra babası yaşadığı bir olayı bize anlattı:

"Hocam, geçen gece yatma hazırlığı yaptığım sırada oğlum yanıma geldi:

- Baba gece kalktığında beni de kaldır olur mu, dedi.

Şaşırdım, hayırdır oğlum, geceleyin neden kalkacaksın ki dediğimde:

- Baba, Sevgili Peygamberimizin çok sevdiği ve hiç terk etmediği, gece namazı varmış. Ben de sizinle birlikte kılmak istiyorum. Ben Peygamberimizi çok seviyorum, onun sevdiklerini de, demez mi?

Ne diyeceğimi, nasıl cevap vereceğimi şaşırdım. Çünkü o geceye kadar ben de Ramazan geceleri hariç teheccüd kılmıyordum. Allah beni oğlumla uyardı."

Bu hatıra beni de çok etkiledi. Akşam yemeğinde sofrada bunu anlattım. Ve son olarak hanıma dönerek:

"Bu çocuğun namaza olan sevdasına hayran oldum. Maşallah ne güzel bir çocuk. Allah nazardan korusun" dedim. Az sonra dokuz yaşındaki oğlum söz alarak:

"Baba yatsı ezanı kaçta okunuyor? Ben de seninle namaza gelmek istiyorum" dedi. Annesiyle göz göze geldik, tebessüm ederek oğluma cevap verdim. O çocuğu takdir etmem ve davranışını beğenmem oğluma da ilham kaynağı oldu.

Her zaman maddi ödül vermenize gerek yok. Bu doğru da değil. Çocuklara verilecek en güzel ödül, onları takdir etmek, beğendiğinizi ifade etmek, sevgi göstermek, öpmek, kucaklamaktır. Onlara zaman ayırmanız, ilgilenmeniz, birlikte bir şeyler yapmanız, gezmeniz, oynamanız, birçok hediyeden daha değerlidir. Çocuklar bu şekilde ödüllendirilmeyi maddi şeylere tercih ederler.

Yaptıkları yanlışları, özellikle namazlarını aksatmalarını toplum içinde dile getirerek onları rencide etmemeli. Bu hem onları incitir, hem de o yanlışı meşrulaştırır. Böyle durumlarda yalnız kaldığınızda konuşmanız ve uyarmanız daha etkili olacaktır. İyi sonuç almanıza yardımcı olacaktır.

Çocuklara maddi ödül vaat ederek namaz kıldırmanız ve bunu sürekli yapmanız olumsuz sonuçlar doğurabilir. Çocuk bunu rüşvet olarak alır. Yapacağı her işte böyle bir beklenti içine girebilir. Bu da çocuğun ahlakını bozar. Bencil, tatminsiz biri haline gelebilir.

Namazlarını Düzenli Kılmaya Başladığında Kutlama Yapın

Çocuğunuz namazı düzenli kılmaya başladıysa bunu kutlayın. Sınıfından ve mahalleden sevdiği arkadaşlarını davet edin. Güzel hazırlık yapın. Odasını süsleyin. Namazı hatırlatan sözlerle, resimlerle destekleyin. O gün sevdiği pastalarla, çöreklerle, doğal, sevecekleri içeceklerle unutamayacakları bir gün yaşatın. Cinsiyetine göre hediyelerle taltif edin.

Böyle iki programa katıldım. Hediyelerini bize verdirdiler. Çocukların heyecanı hâlâ gözümün önünde. Hele o programa davetli olarak katılan çocukları görmenizi isterdim. Nasıl da imrenerek seyrediyorlardı.

Bu çalışmanın çok yönlü faydaları var. Namaz kılan ödüllendiriliyor, kılmayanlar özendiriliyor. Namaz kılanlarla birlikte oldukları için, namaz kılmaları kolaylaşıyor. İnsan yalnız kalınca şeytan daha çabuk kandırıyor. Bu kutlamalardan birine ailece katıldık. Küçük kızım bu törenden çok etkilendi. Eve dönerken yolda, "Bundan sonra ben de namazlarımı düzenli olarak kılacağım" dedi.

Genel Tavsiyeler

- Sözü yumuşak söyleyin
- Hitap ederken "yavrucuğum" diyerek seslenin
- Sevgi dilini keşfedin ve ona göre yaklaşın
- Kolaylaştırın
- Müsamahalı ve hoşgörülü olun
- Helal gıda ile besleyin

Sakın Bunları Yapmayın

Namaz eğitimi esnasında şunları asla yapmamaya çalışın:

- Çocuğun vazgeçmesi zor zevkleri ile namazı karşı karşıya getirmeyiniz.
- Çocuğu münafıklığa itecek zorluklar çıkarmayınız.
- Çocuğun yaşı ve birikimine uygun olmayan bilgiyi ve uygulamayı ondan istemeyiniz.
- Konuşmalarınıza dikkat ediniz. Yaşına ve kapasitesine uygun konuşunuz. Azarlama hakkınız sadece, on yaşından sonradır.
- Namaz konusunda eksiklerini bir dedektif gibi izlediğiniz hissi vermeyiniz.
- Namaz telkinleri esnasında, namaz kılınmaması durumunda nelerin olacağına dair ayet-hadis ve diğer bilgilerden başlamayın. Kılanın neler elde edeceğini konuşunuz.
- Namaz bilgisi ve eğitimine ait konuşmalarınız tartışma şeklinde olmasın. Bir güne de sıkıştırılmasın. Aralara serpiştirilmiş konuşmalar daha etkilidir.[22]

Dayakla Tehdit Etmeyin

"Hz. Peygamber hayatı boyunca hiçbir çocuğu dövmemiş, bilakis onlara gösterilmesi gereken sevgi ve şefkatin en güzel örneğini vermiştir. Bunun için ailede gerçekleştirilen din ve namaz eğitiminde verilecek ceza türlerine dikkat etmeli, özellikle dayak gibi fiziki cezalara başvurmamalı. Bu ceza türünün çocuklar üzerinde olumsuz etkileri oldukça büyüktür.

Ağır baskı ve dayağın, çocuğun kişiliğini ezmek, kendine güvenini yok etmek, onu yalana ve ikiyüzlülüğe sevk etmek gibi kötü ahlaki sonuçlara yol açmasının yanında, birtakım psikolojik bozukluklara da sebep olduğu, farklı zamanlarda yapılan çeşitli araştırmalar sonucunda ortaya konulmuştur.

Küçük yaşlarda sık sık dayak yiyen çocukların, ileriki yaşlarda bundan zevk alan kişiler haline gelebilecekleri ifade edilmiştir."[19]

Dayakla namaz sevdirilmez. Bir babanın bu konudaki itirafı şöyle:

"Çocuğumun birine çok katı bir disiplin uyguladım ve zor kullanarak ibadetlerini yapmasını sağladım. Fakat ne yazık ki şu anda bu çocuğum büyüdü ve namazını kılmıyor. Demek ki bu çocuğa namazı sevdirememişiz. Bu durumu görünce diğer çocuklarımıza hiçbir zorlayıcı tedbir uygulamadık. Sadece telkinde bulunduk ve yaşamımızla örnek olmaya çalıştık. Şu anda bu çocuklarımız büyüdü ve isteyerek, severek namazlarını kılıyorlar.

Anne babalara tavsiyem; sakın çocuklarda ibadetlere karşı nefret uyandıracak uygulamalara başvurmasınlar. Bağırıp çağırarak çocuklara namaz kıldırmak mümkün değil. Ara sıra ibadetlerini aksatmaları, ibadet sevgilerini kaybetmelerinden çok daha güzeldir. Çünkü ibadet sevgisi canlı olunca yetişkinlikte ibadetlerini aksatmadan yerine getiriyorlar."[20]

Başka bir örnek ise, *Namaz Gönüllüleri Platformu* çalışmaları sırasında sohbet ettiğimiz, *Namaz Bilinci* kitabı yazarı arkadaşımız kendi acı hatırasını şöyle anlattı:

"Babam iyi bir Müslüman'dı. Namaz konusunda tavizsizdi. Çocukken namaz kılmayı bize öğretti. Buluğa ermeden düzenli namaz kılmamız için elinden geleni arkasına koymadı. Çok yanlışlar yaptı. Şimdi daha iyi anlıyorum. Bir vakit gevşeklik göstersek, canımıza okuyordu. Namaz için çok dayak yedim. Babamdan dayak yedikçe namazdan da nefret etmeye başladım. Babama kızdığım için, ona inat çok abdestsiz namaz kıldım. Kendimce bu davranışımla ondan intikam alıyordum. Şimdi anlıyorum ki babam iyi niyetle ne büyük yanlış yapmış. Allah razı olsun, sevdiğim bir hocam elimden tuttu da bizi kurtardı. Az daha namaz düşmanı olacaktım. Ben öyle zannediyorum ki, bazı yazar-çizerlerin bu denli namaz karşıtı davranışlarının altında böyle kötü hatıraları olabilir. Yıllar önce yediği dayağın intikamını ancak böyle alabilir.

Babamın bu olumsuz davranışından kendime ders çıkardım: Ben çocuklarımı namaz için dövmeyeceğim. Namazı sevdirebilmek en büyük idealimdir. Dayakla namazı seven tek bir örnek göremezsiniz."

Hakaret Etmeyin

Çocuklarınıza sakın hakaret etmeyin. Onların gururunu incitecek sözlerden sakının. Hele kardeşlerinin, arkadaşlarının ve insanların yanında kusurlarını yüzlerine vurmayın. Böyle yaptığınızda onları kaybedersiniz. Namazı kaçırdıklarında, uyarınızı özel olarak, baş başa yapın. Daha iyi sonuç elde edersiniz. Başkaları yanında yaptığınız uyarılar işe yaramadığı gibi, çocuğu kendinizden de soğutursunuz. Hayat boyu lazım olacak olan kredinizi tez elden harcamış olursunuz.

Bu konuda olumsuz birçok örneği kendi çevremizde de gördük. Hiç unutamıyorum. Kur'an kursundan mezun olan bir kardeşim yaşadığı olumsuzlukları anlatırken gözyaşlarını tutamıyordu. Hem ağladı, hem de anlattı:

"Hocam kurstan mezun olalı üç yıl oldu. Şimdi o kursun semtine bile uğramıyorum. Aklıma geldikçe nefret ediyorum. Oradaki günler kâbus gibiydi. Çok dayak yedim. Namaz kılmadığım, dersimi yapamadığım için. Keşke böyle yapmasalardı. Yanlış yaptığımı bildiğim halde hâlâ namaz kılasım gelmiyor. Hocalarım yüzünden namazdan da soğudum."

Amacımız çocuklara zorla namaz kıldırmak mı yoksa namazı sevdirmek mi? Yapacağımız her davranışta, söyleyeceğimiz her sözde aklımızdan çıkarmamamız gereken esas bu olsa gerek. Sözü güzel söylemek prensibimiz olacak. Onlara bir büyük gibi davranacağız. Onlar yarınların büyüğü olacak. Şahsiyeti yok edilmiş bir nesilden hayır çıkmayacaktır.

Nefret Ettirmeyin

Sözü yumuşak ve usulünce söyleyin. Zamanını iyi ayarlayın. Zamansız söylenen söz yerini bulmayacaktır. Bir güzel amel olan namazı telkin ederken sözü kaba söylememiz, onları namazdan soğutacaktır.

Namazı anlatırken hikmetinden işe başlayın. Niçin namaz kılması gerektiğini anlayacağı şekilde açıklayın. Namaz kılanların elde edeceği dünyevi ve uhrevi faydaları anlatın. Yemeğin suyu kadar hikmetinden, tuzu kadar da kılmayanların karşılaşacağı cezalardan bahsedin. Böyle yaparsanız başaracaksınız. Ne hikmetse çoğu zaman tam tersini yapıyoruz. Küçücük çocukları cehennemle tehdit etmek, Allah ile korkutmak fayda yerine zarar verecektir. İşte tüyler ürperten bir hikâye:

"Bir baba kendini çok dindar zannediyor ve çocuklarını da dindar yapmak için onlara din aşkını aşılamak istiyordu. Fakat bu istediğini öyle aykırı bir yoldan temin etmeye kalkıştı ki farkında olmadan çocuklarını dinsiz yaptı.

Daha onlar dört yaşındayken, onların bütün dini vazifeleri tamamıyla bilmelerini ve aynen ifa etmelerini istedi. Daha okumasını bilmedikleri halde dua kitaplarını alarak kiliseye gitmelerini ve manasını anlayamadıkları dini ilahileri kilisede söylemelerini temin için uğraştı.

Hareket etmek, oynamak, sıçramak isteyen ve tabiatın onlarda olmasını istediği bu en tabii haklarından mahrum edilen çocuklar saatlerce hareketsiz durarak dinin emirlerini yerine getirmeye mecbur edildiler.

Kışın en şiddetli soğuklarında bile kiliseye giden bu çocukların dinden nefretleri çok kuvvetli oldu. Pazar duaları için kilisede çanların çaldığını duydukları zaman çocuklar:

—Aman Allah'ım! Yine Pazar oldu, diyerek ağlaşırlar ve duadan geri kalarak babalarını kızdırmamak için gözleri yaşlı olarak pazarlık elbiselerini giyerlerdi.

Bu korku ve isteksizlik onlarda her sene bir parça daha kuvvetlendi. Her fırsatta kiliseden kaçmaya başladılar ve büyüyünce de kimse onların kiliseye gittiklerini görmedi."[21]

Anne- baba ile çocuk arasında büyük bir sevgi ve saygı bağı oluşturulmalı ve ibadetle ilgili yapılacak eğitim bunun üzerine inşa edilmelidir. Çocuğu dikkate almadan üzerine vararak bu işin davranışa dönüşmesini sağlamak zordur.

Çocuklara namaz kıldıralım derken onları namazdan nefret ettirmeyelim. Nefret ederse istesek de kıldıramayız. Kılıyor gibi görünseler de kılmayacaklar. Hem kendilerini hem de bizi aldatmasınlar. Bunun yerine sevdirmenin yollarını arayalım. Namaza ilgisini artıracak formüller bulalım. Severse kar ve buz üzerinde bile kalsa namazını kılacaktır. Askerde tatbikattayken dağ başında görevde olan bir kardeşim, namazla ilgili bir anısını şöyle anlattı:

"Sabah namazını kılmak için kalktığımda su aradım, bulamadım. Yanımızdaki sular donmuş. Ne yapayım diye düşünürken, dereye inip oradan abdest almaktan başka çare olmadığını gördüm. Namazı kazaya bırakamazdım. Can bedende olduğu sürece soğuk ve buz olması abdest için engel olamaz. Soğuktan ellerim tir tir titriyordu. Hemen dereye indim. Baktım ki dere de don tutmuş. Suyun üzerindeki buzları kırarak abdest aldım ve karların üzerinde sabah namazımı kıldım. Vallahi hayatımda kıldığım en tatlı namaz o namazdı. Hâlâ onun tadını başka bir namazda bulamadım."

Sıkmayın

Çocuklara namaz alışkanlığı kazandırmak uzun soluklu bir çalışmadır. Bir gün, bir hafta ya da bir yılda bitecek bir çalışma değildir. Belki yıllarca devam edecek bir çalışmadır. Onlar namazlarını düzenli kılıncaya kadar sabırla onlara yardımcı olmaya çalışacağız. Yüce Rabbimize dua ederiz ki bu çalışmamızda kısa sürede sonuç alalım. Çalışmamızı uzun menzilli bir çalışma olarak ele alacağız. Yapacaklarımızı bu zamana yayarak uygulayacağız. En az dört yıl devam edecek sistemli bir çalışma planlayacağız. Sonra da onu destekleyen uzun soluklu bir takip ve destek dönemi gelecek. Hz. Peygamber(sav)'in kızı Hz. Fatıma(ra)'yı evlendikten sonra bile altı ay namaza çağırması bunun en güzel örneğidir.

Bu zaman içinde sonuç alamadık diye çocukları sıkmamalıyız. Sabırla, duayla sonuç alıncaya kadar onları incitmeden çalışmamızı sürdürmeliyiz. Yaptığımız çalışma sonucunda geleceğimizi inşa ettiğimizi unutmamalıyız. Onları dinin direği olan namazlarını düzenli bir şekilde, aşkla kılar hale getirmemiz bizim için en büyük nimet olacaktır. Onlar yaşadığı sürece amel defterimiz kapanmayacak, bize de sevap yazılacaktır.

Namaz çalışmasını belli bir zamana yayarak yürütün. Acele ederseniz onları namazdan soğutabilirsiniz. Mesela namaza başlatacağımız zaman, önce bir iki vakitle işe başlanmalı ve bunların da sadece farzlarını kılmalı. Daha sonra beş vaktin farzları ve en son olarak da sünnetleri ile birlikte kılması sağlanmalı. Bu metotla çocuk namaza daha kolay başlayabilir.

Örnek Uygulamalar ve Tavsiyeler

Ben cinleri ve

insanları ancak bana

(ibadet ve itaatla)

kulluk etsinler diye yarattım.

[Zariyat, 56]

Fethullah Gülen

"Esasen, namaz kılmayana, öncelikle ona namazı kıldıracak ruh kazandırılmalı; sonra da enaniyetine dokundurmadan onu namaza uyarabilecek fikirleri hâvi kitaplar verilmeli veya onu namazla içli-dışlı çevrelere götürmeli. Evet, öyle bir muhite götürmeli ki, oradaki kendi seviyesinde olan insanlar, genciyle, ihtiyarıyla, vakti gelince hemen kalksın, Allah'ın huzurunda kıyam dursun, rükû ve secdeye kapansınlar. Genel manzara ve ortam onu secde etmeye çekmeli. Böylece o, içine girdiği havadan müteessir olacak ve kimsenin doğrudan telkiniyle değil de kendi içinden gelen bir sâikle namaza başlayacaktır.

Bir insanın beynine vuruyor gibi 'Namaz kıl!' denildiği an, 'Kılmıyorum, namaz da neymiş!' diyebilir. Keza, oruç ve diğer ibadetler için de aynı şeyler geçerlidir. Bir insan kendi eşine bile 'Başını kapa!' dediği zaman, onun isyanına sebebiyet verecek bir ortamda bunu söylememelidir. Yani insan, en yakınından en uzağına, bu türden yanlış usüllerle arkadaşlarını isyana itmemelidir.

Aynı şekilde fukaha, vefat etmek üzere olan bir kişiye, onu zorlayarak 'Lâ ilâhe illallah'ı telkin etmeyi uygun görmemişlerdir. Çünkü o, 'Lâ ilâhe illallah'a zorlandığında o andaki ruh haleti içinde konuşmadan, telkinden çok sıkılarak 'Demiyorum!' dediği takdirde ve son sözü de bu olduğunda bu söz kalpte ma'kes bulursa -el'iyâzu billah- o insanın ebedi hayatı mahvolabilir.

Burada yapılması gereken şey, onu rahatsız etmeyecek şekilde yanında kısık sesle 'Lâ ilâhe illallah Muhammedün Resûlullah' demektir. Şayet, bundan da rahatsız oluyorsa, bunu da söylememek lazımdır.

Bir insanı namaza alıştırmak için ayrı şekiller ve formüller vardır. Önemli olan onu incitmeden, dudaklarına bal kaymak sürüyor gibi onun gönlüne istediğimiz şeyi tatlılıkla ilham edebilmektir. Mübelliğe ve mürşide düşen vazife onu çok iyi tanıyıp reaksiyona sebebiyet vermeyecek şekilde telkinde bulunmaktır. Dahası bu konuda kim daha müessir olacaksa o götürülmeli ve o anlatmalıdır. Ayrıca ders hangi pozisyonda verilmesi gerekiyorsa mutlak o pozisyonun hazırlanması ve ona göre verilmesi lazımdır.

Herhangi bir kimseye tokmak gibi tepesine vurarak hakkı anlattığınız zaman, reaksiyon gösterebilir. Bize düşen Rabbimizin yoluna insanları hikmetle, güzel nasihatle davet etmek ve onlara hakikatleri en güzel ve en vakur üslupla anlatmaktır."[23]

Prof. Dr. M. Esad Coşan

Yedi yaşına giren ve okula başlayan bir yavrunun o zaman duyduğu sevinç ve kıvancı bir düşünün! Eve bayram havası gelir, anne baba heyecanlanır. Sokakta önlükle çocuğu gören tanıdıklar durur:

— Ooo! Maşallah, demek büyüdün, kocaman adam oldun da okula da başladın ha! İyi, iyi, tebrik ederim, haydi çok çalış da büyük adam ol inşallah, derler. Onun da koltukları kabarır, içi şenlenir.

Ne ilginç rastlantı, değil mi? Zat-ı şerifine binlerce saygı ve sevgi, salât-ü selam olsun, Sevgili Peygamberimiz Hz. Muhammed Mustafa da buyuruyor ki:

— Çocuklarınız yedi yaşına gelince, onlara namaz kılmalarını emredin.

Demek ki yedi yaş gerçekten önemli bir yaş imiş, bir dönem başı, bir dönüm noktasıymış, büyük sayılmaları imiş. Öyle olmasaydı, çok ciddi ve yüce olan huzur-ı ilahıye çıkma izni ve şerefi, hiç onlara da verilir miydi?

Aman yanlış anlaşılmasın! Biz "yedi yaştan önce namaz kılınmaz" demek istemiyoruz. Elbette bazı zeki ve akıllı çocuklar daha çabuk olgunlaşır da yedi yaşına gelmeden namaz kılmaya alışırlar; binlerce aferin onlara. Tıpkı bazı süper zekâların daha okula gitmeden okuma yazmayı ve bazı olağanüstü hünerleri öğreniverdikleri gibi.

Ama yediyi, sekizi, dokuzu geçip de ona geldiği halde bir çocuk hâlâ namaza devam edemiyor, kılamıyorsa ne olur?

— Tabi ki çok fena ve ayıp olur.

Böyle bir durum çok vahimdir. Böyle bir çocuk cezayı hak etmiştir. Bu hiçbir Müslüman çocuğa yakışmaz. Hem ana ve babası da Allah katında suçlu ve sorumlu duruma düşerler...

Bu sebepten sanırım anne ve babalar, çocuklarınız ilkokula başlar başlamaz işi ciddi tutun. Hatta onlara daha okul çağına gelmeden evde namazın vakitlerini, rekâtlarını, sure ve dualarını öğretmiş olmanız gerekir.

Onlara namazı mutlaka sevdirmelisiniz; güzel takkelerle, oyalı başörtülerle, cicili bicili tespihlerle, yeri geldikçe hediye ve ödüller vererek, onların gönüllerini almalı, iyi arkadaşlarını örnek göstermelisiniz. Namazı severek kılma ihtiyatını 7—10 yaşları arasında onlara muhakkak kazandırın. Sonra çok zorluk çeker, çok pişman olursunuz.

Sevgili çocuklar! Siz de anne babalarınızı Allah katında suçlu ve cezalı duruma düşürmeyin. Namazı muntazam kılın da melekler gibi sevgili ve değerli olun, içiniz dışınız nurlasın. Eviniz feyizlensin, bereketlensin; tahsiliniz de hayırlı uğurlu olsun!

Hiç unutmayın ki:

— Namaz dinin direğidir, kim namazı kılarsa dinini ayakta tutmuş olur, kim namazı kılmazsa, dinini yıkmış, yerle bir etmiş olur. [24]

Ahmet Akın Çığman

Ahmet Hocamla yaptığımız sohbette namaza nasıl başladığını, babasının bu konudaki çalışmasını ve çocuklarının namaz eğitiminde takip ettiği yolu konuştuk. Çok verimli bir sohbet oldu. Hocam babasının namaz hassasiyetini şöyle anlattı:

"Çocukluğumda, hatırlayabildiğim kadarıyla beş yaşındayken, babam milletvekili olduğu için Ankara'da Kocatepe'de oturuyorduk. Mahallemizde cami yoktu. Camiye yürüyerek kırk-elli dakikada giderdik. Ezan sesi bile duyulmazdı. Babam namazlarını evde kılar bizlere de örnek olurdu. Hatta ben çıkar ezan okurdum. Ramazanlarda teravihi evde cemaatle kılardık. Ben de müezzinlik yapardım. Evde olan herkes cemaate katılırdı. Babam namaz kılmamız için baskı yapmazdı. Doğal bir şekilde gelişti namaz kılmamız, hiç zorlanmadık. Bizim evde namaz kılmak, yemek içmek gibi normal bir şeydi.

Çocuklarım üzerinde yaptığım namaz çalışmasına gelince; iki oğlum bir kızım var. Kızım en küçükleri. Çocuklarım beş-altı yaşlarına geldiklerinde onlara yavaş yavaş namaz telkininde bulunmaya başladım. Yedi yaşına geldiklerinde namaza başlattım. Onlar da zorlanmadılar. Benimle beraber camiye gidip gelirlerdi. Evdeyken de bizi namaz kılarken görüyorlardı. O yaşlarda sabah namazına da kaldırıyordum. Çocuklarım camiye yakın mekânlarda yetiştikleri için ezanı duyunca heyecanlanırlardı. Benim namaza gideceğimi bildikleri için:

— Baba namaz, baba namaz, derlerdi.

Rabbimizin lütfuyla, namaz hususundaki hassasiyetimiz sebebiyle çocuklarımız namazlarını severek kılıyorlar. Hiç zorlanmadık diyebilirim. Namaz kılmayan Müslümanları anlamakta zorlanıyorum. Müslüman'ım diyen bir kişi nasıl olurda namaz kılmaz? Ben buna anlam veremiyorum. Onlara örnek olarak, namazı bizzat yaşatarak, anlatarak yetiştirmeye çalıştım. Hatta okula giderlerken büyük oğlumun çantasına bir tane seccade koydum. Öğretmenlerinden namaz kılacakları bir yer göstermelerini rica ettim. Çünkü kışın günler kısa olduğu için öğle ve ikindi namazı okulda geçiyordu. Onlar da sağ olsunlar yardımcı oldular. Öğretmenler odasında bizim çocuklar sırayla namaz kılarlardı. Onlardan başka da okulda namaz kılan çocuk yoktu. Hocalar çocukları ibretle seyredermiş. Cuma günleri de öğretmenlerinden izin alarak, dersten biraz erken çıkarlar ve Cuma namazına giderlerdi. Bunlar bizim teşvikimiz ve kendi gayretleriyle oldu hamd olsun. Çok şükür, namaz onların hayatlarının en önemli işi oldu. Namazı sevdiler, ona engel olacak her şeyi ellerinin tersiyle ittiler. Hatta büyük oğlum üniversite okurken şöyle bir olay yaşadı. Okul sınavı tam Cuma saatine denk gelince, namazı ve hutbeyi kısa tutması için gider hoca efendiden yardım ister. Fakat hoca efendi usulünce kıldırınca, Cuma uzar ve sınavı kaçırır. Çünkü o güne kadar hiç Cuma namazını kaçırdığı olmamıştı. Cuma ile sınav çakışınca oğlum namazı tercih etmişti. Bu davranışı bir baba olarak beni oldukça memnun etti. Keşke çocuklarımız böyle bir tercih yapmak zorunda bırakılmasalar. Bütün öğrencilerin ve çalışanların Cuma namazını kılabilecekleri zaman ayarlanabilse. Bu da bizim ülkemizin problemlerinden. Allah yardımcımız olsun. Rabbimize binlerce şükür ki, halen namazlarını aksatmadan kılarlar, ne kadar geç yatarlarsa yatsınlar, sabah kalkar namazlarını kılarlar. Üzerlerine güneş doğmaz."

Daha sonra sohbet arasında öğreniyorum ki, Çığman Hocamız güne teheccüt namazı ile başlıyor ve sabah namazına kadar adet edindiği zikirlerine devam ediyor. Sabah namazına kadar uyumuyor. Namazlarını da çok önemli bir mazereti olmadıkça cemaatle kılmaya çalışıyor. Sözün özü o, çocuklarına yaşayarak örnek olmuş, zaman zaman da telkinlerde bulunmuş. Namazı seven ve her fırsatta anlatan bir model olduğu için çocukları da babalarını model almışlar.

Mehmet Çağlayan

Eğitimci-yazar Ahmet Çağlayan babasını şöyle anlatıyor:

"İbadetlerimize olan bağlılığımızın temelinde onun duyarlı, sorumlu kulluk anlayışı yatar. İnançlı bir ortamda doğan, zamanın zorluklarına rağmen büyük çaba ve sıkıntılar ile ilmî çalışmalarını sürdüren ve okuyan babam, ailemizde topluca yapılan ibadetleri önemser, üzerine düşen sorumluluğu ihmal etmezdi.

Ailede namazların cemaatle kılınması, günde üç cüz, Ramazan ayında ise günde on cüz Kur'an-ı Kerim okuma alışkanlığı, tesbihatı, Ramazan'da teravih cemaatini evde oluşturması ve kıldırması, aile ortamında düzenli kitap okuma alışkanlığı ile bizlere örnek bir baba oldu. Şekil ve merasim ağırlıklı yapılan alışkanlık ve âdetleri din adına hiçbir zaman öğretmezdi. Bizler inancımızın özünü güvenilir kaynaklardan ve onun anlatımından oğrenirdik.

Sosyal dokuyu olumsuz etkileyen gelişmelerden bizleri korumak için belli konularda öncelikle bizi bilgilendirir, hazırlıklı kılardı. Okulda, sokakta, çevrede olabilecek ve konuşulabilecek konuları takip eden özelliği ile öğrenme sınırımızı çok iyi çizen bir baba idi. Geleceğe hazırlamada bizleri sislerden, tehlikelerden korumak için önlemler alırdı. Futbola olan düşkünlüğümü bildiği için bana aldığı tekmeliği hiç unutmam. Ufak yaşlardan itibaren onunla birlikte yaptığım geziler, kıldığım namazlar, Ramazanlardaki mutluluklarım, birlikte oynadığımız oyunları hiç unutamam. Kazanmanın ve kaybetmenin gereklerini bize çok iyi öğrettiği için aile içinde hoşgörü, iyi niyet her zaman hâkimdi.

O, tapınakları, bankaları, borsaları, çirkinliği, hortumculuğu eleştirmek yerine, bizlere hep iyiyi ve güzeli anlatırdı. Mana yüklü insanların duasına ulaşalım diye birlikte Muş'un Oğin, Mihakom ve Norşin gibi önemli dergâhlarında bulunan güzel insanlara götürür, önemli beldeleri tanıtır, bizleri o yörelerde yaşayan mana kahramanlarıyla tanıştırırdı. Böylesi şahısları eve davet etmekten zevk duyardı. Annemin, kız kardeşimin misafir ağırlamalarına destek vererek, bizler de bu güzel insanlara hizmet etmekten onur duyardık. Bizlere bu güzel insanları tanıştırmasının tek amacı çirkinliğin kol gezdiği bir ortamda güzelliklerle tanışmamıza zemin hazırlaması ve onların mübarek dualarına nail olabilmemizdi. Hakkı ve hakikati öğretmede, tanıştırmada, göstermede bir babanın aile bireylerini önemseyerek paylaşımın en güzel örneklerini sunardı" şeklinde babasını anlattıktan sonra babasının onlara yaptığı öğüdünü şöyle yazıyor:

"Sevgili çocuklarım, sizi dünya ve ahirette mutlu kılacak ibadetlerinizde her zaman duyarlı olun. Namazlarınızı, zamanında ve cemaatle kılın. İlim ve İslami edebin tahsiline gayret edin. Fıkıh ve hadis ilimlerini öğrenin. Cahil sofulardan ve âlim geçinen bilgisizlerden uzak durun. Şöhret afetinden kaçının. Az konuşun, çok düşünün. Az yiyin, az uyuyun. Helal kazanıp helal yiyin..."[25]

"Allah'ın rahmeti sayesinde sen onlara karşı yumuşak davrandın. Eğer kaba, katı yürekli olsaydın, onlar senin etrafından dağılıp giderlerdi." [Al-i İmran, 129]

Münir Özkul

Münir Özkul dindar bir babanın çocuğudur. İstanbul'un Bakırköy ilçesinde çocukluğunu ve gençliğini yaşamıştır. İlkokulu Kartaltepe'de okumuştur. Kartaltepe ilkokulunun avlusu, aynı adı taşıyan caminin bahçesine bitişiktir.

Vakit bahardır ve caminin bahçesinde çiçekler rengarenktir. Teneffüse çıkmış olan küçük Münir, etrafına bakar ve birden caminin avlusuna geçer. O çok sevdiği güzelim çiçeklere doğru koşar. Maksadı, onlardan birkaçını koparıp götürmek ve öğretmenine vermektir. Ancak bunu başaramaz. Çünkü tam da eğilip elini çiçeklere uzattığı sırada, caminin kapısı açılıverir ve orada korkunç bir heyula belirir. Adam avazının çıktığı kadar bağırmakta ve Münir'in gözüne insan dışı bir yaratık gibi görünmektedir. Bu korkunç ses, kısa boylu, göbekli ve özellikle de sakallı birine aittir. Münir bir anda fark ettiği bu korkunç görüntü yüzünden, çiçeği unutur, adeta can korkusuna düşer ve kendisini okulun avlusuna zor atar.

Nefes nefesedir. Kan ter içinde kalmıştır. Artık aklına ne ders girer, ne de başka bir şey... Varsa yoksa o müthiş heyula ve onun avazı çıktığınca ortalığa saldığı bağırtısı:

— Ne yapıyorsun ulan orada! Şimdi gelirsem, koparırım kulaklarını!

"Başka ne dedi? Ona doğru kaç adım attı?" Bunları düşünmeye çalışması da nafiledir. Çünkü korku ve heyecanı, ayrıntıları perdelemektedir.

O günden sonra, bir daha cami tarafına dönüp bakmaz bile... Hele de cami bahçesinde gördüğü sakallı tiplere rastladığında, bütün benliğini derin bir korku ve öfke kaplar.

Aradan yıllar geçti ama Münir Bey'in camiye ve dindar insanlara kırgınlığı, kızgınlığı, küskünlüğü geçmedi. Kendi dünyasından, dini ve inancı büsbütün uzaklaştırdı. Oysaki dindar bir insan olan babası, vefatından kısa bir süre önce, onu yanına çağırmış ve demişti ki: "Oğlum, sana inanç, ibadet konusunda faydalı olamadım. Ancak, bunları unutmayasın ve bir gün mutlaka içten hatırlayasın diye, sana bir soyadı bırakıyorum. Baban olarak, senden tek isteğimi, bu soyadı ile açıklıyorum. Ben senin kul, hem de öz kul olmanı istiyorum. Kul olmayı hayatının gayesi bilmeni arzuluyorum. Bu sebeple, soyadı kanunu çıkınca, Özkul'u seçtim. Özden kul olalım diye. Evladım, senden başka bir isteğim yoktur. Kul olduğunu unutma yeter. O zaman sana babalık hakkımı helal ederim."

Ancak dindar babanın bu vasiyeti uzun yıllar ciddiye alınmadı, hatta çağdışı bulundu ve sonra da unutuldu. Üstelik yaşanan olumsuzluklar sonucu, tam tersine gelişmeler de yaşandı. Önce tiyatro, sonra da sinema oyuncusu olarak, yıllar yılı inanç ve ibadet hayatına ilgisiz kaldı.

Ben onu tanıdığım zaman, altmış yaşını geçmişti ve "Galiba babam haklıymış" diyordu. Niçin bu kadar geç? Acaba belli bir sebebi var mıydı? Merakımı yenemedim. Çocuksu ve temiz bir ruh yapısında gördüğüm Münir Bey'e dedim ki, "Bu temiz yapınızla, daha önceleri inanca, ibadete hiç yönelmediniz mi?"

"Yönelmez olur muyum?" dedi.

Gençlik yıllarımda, içimdeki inanma arzusu bir defa öylesine tepti ki, engelleyemedim. O zamanki arkadaşlarımdan dindar bildiğim Uğur Bey'e başvurdum ve ne yapmam gerektiğini sordum. Çünkü inanma ihtiyacı beni müthiş zorluyordu. O vakit, içinde bulunduğum çevrenin seçimi ve beğenisi istikametinde, her ne kadar inançsız takılıyorsam da, kendimi tutamadım.

Uğur, çok takdir ettiğim namazlı bir arkadaşımdı. Bana yardımcı olmasını istedim. Ancak o, istediğim yardım için beni bir başkasına götürmeyi teklif etti. "Sümbül Efendi Camii'nin çok muhterem bir hocası vardır. Umarım sen de onu çok seversin. Dinimizi çok iyi bilen bir insandır. Seni ona götüreyim" dedi. Bu teklifi büyük bir sevinç ve heyecanla kabul ettim. Böyle saygın bir din âlimi beni kabul ettikten sonra, ben neden görüşmek istemeyeyim?

Uğur'la anlaştığımız gün ve saatte buluşup Nurullah Efendi'ye gittik. Beni büyük bir sempati ve sevecenlikle karşıladı. Daha ilk anda korkularım, endişelerim yok oldu. Yanında büyük bir huzur duydum. O güzel insanın şahsında çoktan vefat etmiş babamı bulmuş gibi oldum. Nurullah Efendi'yi o güne kadar tanımadığıma çok üzülmüştüm. Kendisine çok ısındığımı ve bundan sonra sıkça ziyaret edip istifade etmek istediğimi söyledim. Çok sevindi ve "Zaten öyle olacak. Artık hiç ayrılmayacağız. İnşallah iki cihanda da beraber olacağız, beklerim" dedi.

Hemen cuma günü Sümbül Efendi Camii'nde buluşmaya karar verdik. Cuma vaazından önce, caminin kapısı önünde buluşmak üzere sözleşip vedalaştık. Büyük bir heyecan içindeydim. Cumayı iple çektim. Nihayet beklenen gün geldi. İçim içime sığmıyordu. Epey araştırarak ve yanlış yapmamaya çalışarak abdest aldım. Neredeyse çeyrek asır aradan sonra, ilk defa camiye girecektim. Hata yapmamak, göze batmamak, pot kırmamak için çok dikkatli olmalıydım. Ama bir tesellim de vardı. Çünkü Uğur ile buluşacak ve camiye birlikte girecektik. O bana, "Hiç merak etme. Zor bir şey yok. Üstelik ben senin yanında olacağım, yapman gereken her şeyi söyleyeceğim" demişti. Rehberim tecrübeli idi. Çünkü o, her cuma camiye giden bir arkadaştı.

Böyle karmaşık duygu ve düşünceler içinde, tabi kuşku ve korkuyu da içimde taşıyarak camiye geldim. Anlaştığımız saatten biraz erken gelmiştim. O tarihî dekor içindeki avluda biraz bekledim. Neredeyse her dakika saatime göz atıyordum. İnsanlar camiyi doldurmaya başlamışlardı. İçeriden vaaz sesi de gelmeye başlamıştı. Ancak ben dışarıda beklemeyi sürdürüyordum. Çünkü bana kılavuzluk yapacak arkadaşım henüz gelmemişti. Bir ara, girip içeride beklesem, hem de konuşmayı kaçırmasam diye düşündüm ama buna cesaret edemedim. Çünkü cemaatten bazıları, bana tuhaf bakıyorlardı. Cami kapısının kenarında tedirgin durmam, kılık kıyafetim, tipim, belki de o cemaatten hiç kimsede görünmeyen saç biçimim ve uzun favorilerim dikkati çekmişti. Birilerinin dikkatimi çeken tarafımı tam da bilmiyordum ama onlardan hiçbirine benzemediğim kesindi. İster istemez, bana şöyle bir göz atıp camiye giriyorlardı. Bazıları, hafif bir tebessümle beni selamlıyor, bazıları da başlarını eğerek sessiz bir sempati gösteriyorlardı.

Zaman epeyce geçmiş ve ben de kapıda iyiden iyiye sıkılmıştım. Üstelik dinlemeyi çok istediğim konuşmadan da mahrum kalıyordum. Kapıdan şöyle bir göz attım. Cami epeyce dolmuştu. Belki bana namaz kılacak yer de kalmayacaktı. Camiye girip, arkadaşımı içeride bekleyeyim dedim. Bu benim için zor bir karardı. Kapıdaki meşin örtüyü kaldırıp camiye ilk adımı attığımda, heyecanım bayağı artmıştı. Kendime oturacak bir yer arayarak, safları aşmaya başladım. Ancak fazla önlerde de olmayı istemiyordum. Hem Uğur'un beni görmesi hem de sanki ön safların daha bir dikkat istediğini hissetmiş olmam, beni biraz arkalarda tuttu. Caminin ortasına yakın bir yerde oturdum. Ancak etrafımdaki insanların oturmasına benzemedi benimkisi. O an diz çöküp oturmanın ne kadar zor iş olduğunu anlamıştım. Ancak nasıl oturacağımı da bilemiyordum. Benim sürekli durum değiştirmem yanımdakileri rahatsız etmişti. Tipimi, giyimimi de hiç beğenmediklerini zaten bakışlarından anlamıştım. Sanki bana, "Senin burada ne işin var?" der gibi bakmışlardı.

İkide bir sağa sola çarparak oturuşumu değiştirmeye başlayınca, bakışlar daha da kızgınlaştı. Benim de tedirginliğim oldukça arttı. Bu arada kapının meşin örtüsü her girenle birlikte ses çıkardığı için, ben de her defasında bir ümitle arkama dönüp bakıyordum. Hoca efendinin konuşmasını bile dinleyemiyor, gözüm hep arkada kalıyordu. Her defasında, "İnşallah Uğur gelmiştir" diye dönüp ümitle kapıya bakıyordum. Uğur bir türlü gelmiyor, benim de ona kırgınlığım çoğalıyordu. Nurullah Efendi, artık ezan vakti geldi, sözlerimi bitiriyorum dediğinde Uğur kapıda göründü. Ben de içimde birikmiş bütün kırgınlık, kızgınlık, tedirginlikle birden bağırmıştım:

"Uğur, gel, buradayım!"

Benim bu feryadımla, yanımdaki yaşlı adamın sabrı iyice taşmış olmalı ki, Yaradan'a sığınıp, okkalı bir tokat aşk etti suratıma. Ben neye uğradığımı bilemedim. Birkaç saniyelik tereddütten sonra, yerimden fırladım. Cemaatin üzerinden atlayarak ve oturanlara çarparak kendimi kapıdan dışarı attım. Uğur da arkamdan geldi. Çok yalvarıp yakardı, özür diledi ama hiç tınmadım. Artık kesin kararımı vermiştim. Dindar insan sözünde durmuyordu. Namaz kılanların çoğu kaba ve katı insanlardı. Cami bana göre değildi. Çünkü orada sevgi, anlayış ve hoşgörü yoktu. Yabancı gördüklerine yardım edecek yerde tokat atıyorlardı. Hayır, asla onların arasında benim yerim olamazdı. Uğur'u kırma pahasına sert şeyler söyledim ve camiyi arkada bıraktım. Hayatımda ikinci kere cami gerimde kalıyordu. Artık kesin kararımı vermiştim: "Camii ve cemaat bana göre değil!" Tekrar inançsız, ibadetsiz, mabetsiz ortamıma dönerken, içimdeki tek hüzün, Nurullah Efendi'yi kaybetmekten kaynaklanıyordu. O güzel adam bana, "Biz senin gibileri çok severiz. Çünkü senin gibilerin yolu düzeltmesi, şaraptan bozma sirkeye benzer, tadına doyum olmaz" demişti. Bu sözü de beni çok sevindirmişti ama "Demek ki benim nasibim şarapta ve şarap olarak kalmakta imiş" dedim ve ondan da uzaklaştım.

İşte şimdi geldim altmış yaşıma... Ancak bu yaşta babamın sözüne gelebildim. Babam doğru söylemiş. Ancak "öz kul" olmakla mutluluk bulunurmuş... Kulluğa giden yolda da insanlara bakmamak gerekiyormuş.

Zaten bana doktorum da on dokuz defa içki ve uyuşturucu tedavisinden sonra başka yol kalmadığını söyledi. Ancak ben artık yolun burasında mecburen Rabbime teslim olmuş bulunuyorum.

Ceza

Buraya kadar anlatılanlarla çocukların namazı öğrenmeleri, uygulamaları ve sevmeleri hedeflenmektedir. Allah ve Resulü(sav)'nün sevdiği, razı olduğu bir kul yetiştirmek gayesi güdülmektedir. Öyle ümit ediyoruz ki ciddi hatalar yapılmadığı sürece anlattığımız metotlar uygulandığında güzel sonuçlar alınacaktır. Bunları anne-baba ve büyükler birlikte uygulamalıdır. Aralarında farklılık olmamalıdır. Birinin "a" dediğine, diğeri "b" dememelidir. Hey şey en güzel şekilde uygulanmaya çalışıldığı halde istenen sonuç elde edilemiyorsa ne yapılacak? Çocuklara hiç kızılmayacak mı? Dayak atılmayacak mı? Onlara ceza verilmeyecek mi? Başka ne tür tedbirlere başvurulabilir? İşte bu bölümde bu sorulara cevap arayacağız.

Öncelikle ifade edelim ki Allah(cc) "haddi" gerektiren hususlarda verilecek cezayı Kur'an-ı Kerim'de bildirmiştir. Ona söylenecek bir söz yoktur. Burada konumuz, "henüz mükellef olmayan ve namaza alıştırmaya çalıştığımız çocuklara verilecek ceza ne olmalıdır?" konusudur. Hemen söyleyelim ki Sevgili Peygamberimiz(sav) dayağı tasvip etmemiştir. Gerektiğinde, sınırlı miktarda, belirli yerlere cevaz verdiyse de kendisi hiç uygulamamıştır. Sadece dayakla korkutulmasına ve yanlışın önüne geçilmesine dikkati çekmiştir.

"Ergenlik çağına kadar çocuğun hiçbir şekilde dövülmemesini söyleyenler olduğu gibi, gerektiğinde incitmemek kaydıyla hafifçe kabalarına vurulmasının uygun olacağını savunanlar da olmuştur.

İmam Şafi'i; 'Dayak caiz olmakla beraber, terk edilmesi daha faydalıdır.'

İmam Gazali; 'Baba çocuğa karşı sözündeki heybeti korusun, bunun için sık sık değil, arada sırada onu tevbih etsin, azarlasın.'

İbn-i Haldun; 'Fıtrata aykırı olan bu muamele, ruhi inkişafları önleyerek onları zayıf ve tembel kılar, yalana sevk eder. Doğruyu söylediğinde tepesine inecek yumruğun korkusuyla, sözüyle ameli birbirine uymaz, riyaya düşer. Böylece çocuklar hilekâr ve düzenbaz olurlar.'

Maddi cezaların ve ısrarlı dayak atmaların çocukta mazoşizm denilen 'dayaktan zevk alma sapıklığına' sebep olduğunu belirtelim. Dayak, çocuk için belli bir süre sonra ızdıraptan çok haz vermeye başlamakta, çocuk bu hazza iştiyak duydukça dayak yemek için vesileler aramaktadır. Bundan korunmanın tek yolu, çocuklara uygun eğitim metotları uygulamak, eziyet etmemek, eziyeti bir haz kaynağı olacak şekilde vermemektir."[26]

"Bunun yerine yapılan istatistikî sonuçlar olumlu etkisi en yüksek ceza türünün, 'ilgi ve sevgi göstermemek' ve 'tenkit ile uyarı' olduğunu belirtirken, 'azarlama ve hakaret' ile 'dayağı' ise en çok olumsuz etkiye sahip ceza türü olarak nitelemiştir."[27]

"Çocuk eğitiminde ceza korkusu ön sırada olmamalıdır. Anne-baba ve çocuk arasındaki güven ve anlayış ahengi, düzenli ve sorumlu davranışların temeli olmalıdır.

Devamlı itilip kakılan, küçültülen, banyoya, kömürlüğe kapatılan çocuklar, ya aşırı hırçın, saldırgan, eğilip bükülmez olmaktadırlar ya da içine kapanık, sünepe, şahsiyetsiz hale gelmektedirler.

Cezanın etkili olanı, çocuğun ruhunda iz bırakan, onu bir daha aynı hareketi yapmaktan alıkoyandır.

Cezanın akla uygun, hafif ve özellikle de eğitici, ıslah edici olmasına dikkat edilmelidir.

Ceza verirken acele edilmemelidir. Çocuğun şahsiyet, karakter ve temayülü göz önünde bulundurulmalıdır.

Korkutucu cezalar, uygun değildir. Ceza hiçbir şekilde küçük düşürücü olmamalı ve şiddet taşımamalıdır."[28]

Dayak cezasına başvurmak, ne başarı ne de kazandırılmak istenen davranışlar adına olumlu katkıda bulunmamaktadır. Denilebilir ki, dayak cezasına başvurularak kıldırılan namaz, kısa zamanda namaza karşı antipati haline dönüşebileceği gibi, namaza karşı nefrete de yol açabilmektedir. Böylesi durumlarda çocuk namazdan nefret edecek olursa bunda anne-babanın da vebali olacaktır.

Bir Uyarı!

- Çocuğa namazı sevdirmek istiyorsanız önce onun için önemli olan şeylere hürmet etmelisiniz. Türk Kadınları Kültür Derneği İstanbul Şubesi Başkanı Cemalnur Sargut bu konuyla ilgili tanık olduğu bir olayı şöyle anlatıyor:
- "Bir tanıdığımızın dört yaşındaki çocuğunun namazdan nefret ettiğini öğrenince çok üzüldük ve sonradan anlaşıldı ki, namaz saatlerinde çocuğun seyrettiği çizgi film kapatılıyor. Böyle yapmak yerine, başka bir odada kılmak daha iyi sonuç verir. Diğer zamanlarda elbette çocuğun görebileceği yerlerde kılınmalı."
- Tüm bunları yaparken her şeyden önce sabırlı olmak gerek. Peygamber(sav) gibi sabırlı, hoşgörülü ve azimli olunmalı. O sahabelerini tüm zorluklara rağmen nasıl birer İslam kahramanı olarak yetiştirmişse biz de çocuklarımızı alnı secdeli, tertemiz müminler olarak yetiştirmeliyiz. Anneler, babalar dünyanın geleceği sizin ellerinizde...

İstediğiniz Sonucu Alamadıysanız

Çocuklarda gerçekleştirmeye çalıştığımız namaz eğitiminde istediğimiz sonucu alamadığımızda tekrar kendimizi gözden geçirmeliyiz. Onları yeterince bilgilendirebildik mi? Allah(cc) bir toplumu cezalandırmadan önce onları yeterince bilgilendirmiş, peygamberleri ile uyarmış ve model göstermiştir. Sevgili Peygamberimiz(sav) hayatı boyunca ashabına en güzel model olmuştur. Onlara namazı anlatmış, zaman zaman uyarılarda bulunmuştur. Bizler de çocuklarımızı yeterince bilgilendirdik mi, gerekli uygulamaları zamanında yaptık mı önce buna bakacağız. Kanaatimizce çocukların yapması gereken hususlarda yeterince bilgi sahibi kılınması, birtakım olumsuz sonuçları önleyecektir.

Ayrıca çocukları sadece bilgilendirmek ve uyarmak yetmez, onları denetlemek de gerekir. Namazlarını kılıp kılmadıklarını denetlemeliyiz. Fakat bunu yaparken çok katı olunmamalı. Güler yüzlü ve yumuşak huylu olunmalı. En güzeli, ciddiyetle şefkati birleştirerek yapmaktır. Namaz çalışmaları kararlı ve devamlı bir şekilde sürdürülmelidir.

Çocuklarımız namaz hususunda gevşek davrandıklarında uyarılmalı ve nasihatlerle desteklenmelidir. Yüce Rabbimiz Kitabımızda bunun örneklerini bizlere sunmaktadır. Yukarıdaki bölümlerde zikrettiğimiz Hz. Lokman(as)'ın oğluna yaptığı nasihat bunun en güzel örneğidir. Sevgili Peygamberimiz(sav) de bu konuda şöyle buyurmuştur:

"Din, ancak nasihatten ibarettir."[29]

Sahabelerin de aralarında "Asr suresini" okumaları, uygun olmayan bir davranışı gördüklerinde usulünce ikaz etmeleri ve doğrusunu anlatmaları hep buna örnektir. Özellikle aile büyükleri, nine ve dedeler, amca, dayı, hala, teyzelerin ve de sevilen büyüklerin nasihatte bulunması çok faydalı olacaktır. İnsan sevdiklerinin nasihatini yerine getirmede hiç zorlanmayacaktır. Sevilmeyen kişilerin nasihati işe yaramayacağı gibi ters tepki de oluşturabilir. Buna çok dikkat edilmelidir.

"Çocuklarla insani düzlemde iyi bir ilişki kurmak, onlarla dini düzlemde iyi bir ilişki kurmanın vazgeçilmez şartıdır. İnsani ilişkiler açısından çocukları ile arası bozuk olan anne-babanın, onlara ibadet davranışını kazandırması güçtür. Birbirini anlayan ve anlaşabilen, mutlu insanların oluşturduğu bir aile, birçok başarının olduğu gibi, ibadet eğitimi ve öğretimindeki başarının da temelidir. Ailede anne-babanın, gerek çocuk eğitimi konusunda gerekse dini bilgi ve kültür konusunda, sürekli kendilerini geliştirmeleri, dini anlama ve yaşama konusunda, samimi ve gayretli olmaları çok önemlidir. Çünkü çocuk anne-babayı kendine model almaktadır. Anne-babalar çocuğun fiziki ihtiyaçlarını karşılamak için çalıştıkları gibi, onların dini yönden bilgi ve şuur kazanması, ahlaki ve dini davranışları elde etmesi, ibadetle ilgili davranışları severek ve isteyerek yerine getiren bir birey olması için de, gerekli çabayı göstermesi gerekir.

Aileler çocuk eğitimi konusunda kendilerine yönelik literatürü takip etmelidirler. Çocukları ile kavgalı değil, barışık yaşamanın yollarını öğrenmelidirler. Sevgi-saygının, hoşgörünün, olumlu disiplin anlayışının, hak ve sorumluluklarını bilen bireylerin bulunduğu aile yaşamını tesis etmelidirler.

Bütün bunlarla beraber, dini açıdan olumlu davranışlara sahip olup çocuklara bu konuda örnek olmalıdırlar.

Çocukların dini konuda bilgilenmeleri ve dini yaşantıyı tecrübe etmeleri için, üzerlerine düşen görevi yerine getirmelidirler. Bunun için ailede dini sohbetler ve dersler yapmak, aile ve çocuk için dini yaşantı açısından zengin bir sosyal çevre bulmak, ailelerin dikkat edecekleri konulardır.

Bunları yaparken sabırlı, fedakâr ve bilinçli hareket ederek, çocuk psikolojisine ters uygulamalar içerisine düşmeden, okul öncesi dönemden itibaren alt yapısı hazırlanan dini eğitime (ibadet davranışını çocuğa kazandırmaya) bütün bir ilköğretim döneminde ve daha sonra da devam etmelidir.

Aileler, okuldaki ve cami kurslarındaki din eğitimi ile yakından ilgilenmelidirler. Bununla birlikte okuldaki Din Kültürü ve Ahlak Bilgisi öğretmeninden, cami hocasından ve dini konulardaki uzman kişilerden, manevi yönde hizmet eden örnek şahsiyetlerden her fırsatta yararlanılmalıdır.

Çocuğa ibadet ve namazı öğretmede faydalı olacak her türlü bilgiyi ve yardımı almak için ilgili seminerleri, konferansları, kursları vb. takip etmeleri çok faydalı olacaktır."[30]

DİPNOTLAR

1. Dr. Kerim Buladı, *Namaz Akılları Durduran Mucize*, s.156-158.
2. Dr. Haluk Nurbaki, *Peygamber Çizgisinde Yaşamak*, s.115-116.
3. Mustafa İslamoğlu, *Tavsiyeler 2*, s.99.
4. Ahmed Abdulaziz el-Kettan, *Çocuklarını Namaza Nasıl Alıştırırsın*, s.28.
5. A.g.e., s.34.
6. Müslim, *Kader*, 25.
7. Prof. Dr. M. Emin Ay, *Aile ve Okulda İdeal Din Eğitimi*, s.24.
8. Gazali, *İhyau Ulumid-Din* (İstanbul, 1321), II, 72.
9. Nuriye Çeleğen, *Peygamberimiz Çocuklara Nasıl Davranırdı*, s.137.w
10. Prof. Dr. İbrahim Canan, *Peygamberimizin Sünnetinde Terbiye*, s.151.
11. A.g.e., s.152.
12. M. Fethullah Gülen, *Çekirdekten Çınara*, s.151-153.
13. Ahmet Maraşlı, *Çocuklarımı Nasıl Yönlendirebilirim*, s.212.
14. Prof. Dr. M.Emin Ay, *Ailede ve Okulda İdeal Din Eğitimi*, s.30-32.
15. *Riyazü's Salihin Terc.*, DİB, c.2, s.428.
16. A.g.e., s.428.
17. Nureddin Yıldız, *Umran*, s. 154.
18. Prof. Dr. M. Esad Coşan, *İslami Çalışma ve Hizmetlerde Metod*, s.166-167.
19. Prof. Dr. M.Emin Ay, *Ailede ve Okulda İdeal Din Eğitimi*, s.73-76.
20. Dr. İsmail Sağlam, *Çocuk ve İbadet*, s.214.
21. C. Gotthilf Salzmann, *Yengeç Kitabı*, s.78-79.
22. Nureddin Yıldız, *Umran*, s.154
23. *Zaman Gazetesi*, Kürsü (19 Aralık 2008).
24. Prof. Dr. M. Esad Coşan, *Çocuklarla Baş Başa*, s.87.
25. Ahmet Çağlayan, *Eğitimde Özlenen Babalar*, s.140-144.
26. Prof. Dr. İbrahim Canan, *Peygamberimizin Sünnetinde Terbiye*, s.294.
27. Prof. Dr. M. Emin Ay, *Din Eğitiminde Mükâfat ve Ceza*, s. 311.
28. İbrahim Ünal, *Anne Babanın Çocuğa Yaklaşımı*, s.169.
29. Müslim, *İman*, 23.
30. Dr. İsmail Sağlam, *Çocuk ve İbadet*, s.276.

çocuğumla sevgi secdesi

Namaz Allah'a Teşekkürdür

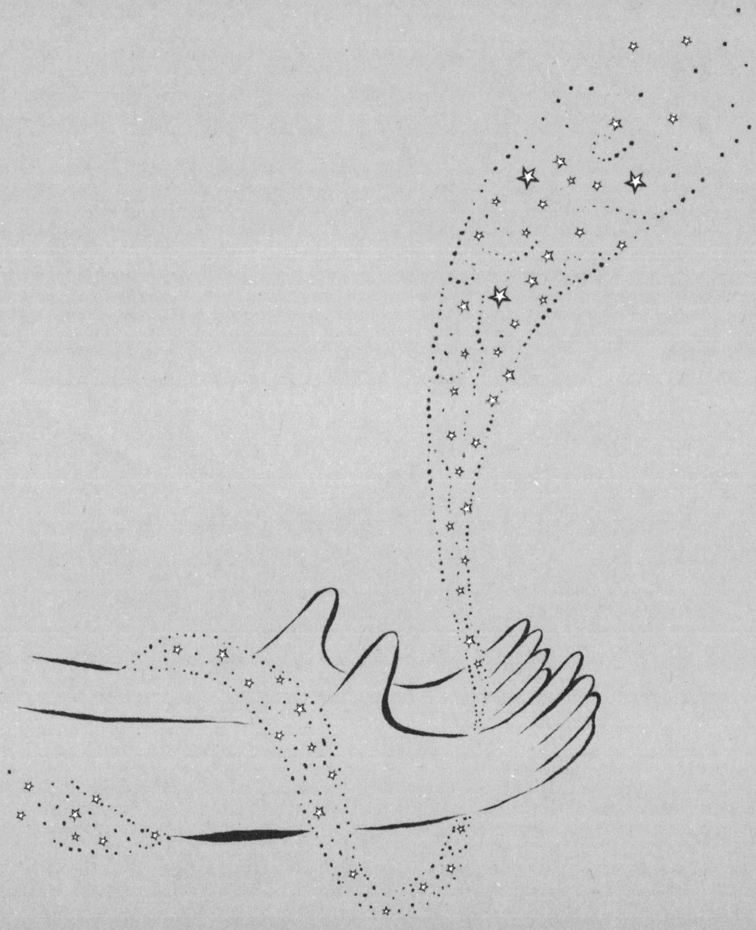

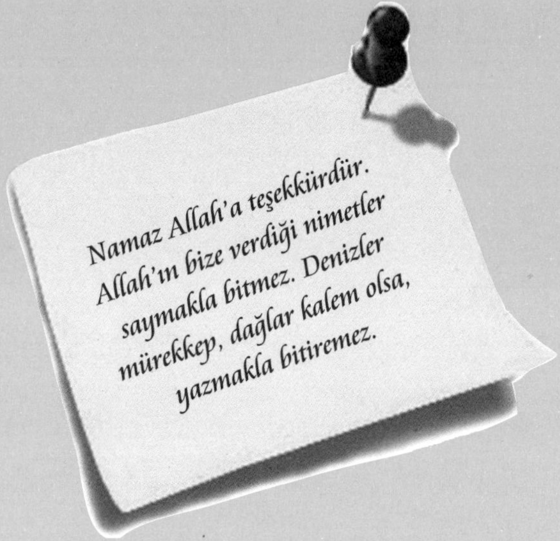

Haydi gel seninle şöyle bir düşünelim. Şimdi bu satırları okuyan sen, eğer Allah sana göz vermeseydi bu satırları okuyabilir miydin? Okuyamazdın. Sadece okuyamamak değil, gözlerin olmasaydı anneni, babanı, kardeşini, arkadaşlarını göremeyecektin. Renkleri hiç tanıyamayacaktın. Gökteki yıldızları, uçan kuşları, uçakları seyredemeyecektin. Sevdiğin bir filmi, tiyatroyu göremeyecek, top oynayamayacak, bisiklete binemeyecektin. Daha sayalım mı? Bunlar sadece gözümüzün bize sağladıkları. Diğer duyu organlarımızı da aynı şekilde düşünebiliriz. Gözümüze bir de kalbimizi, midemizi, ellerimizi, ayaklarımızı ve de aklımızı ilave edelim. Bunların hangisi gereksiz ki? Hepsi güzel ve yerli yerinde. "Şu organımızın yeri güzel değil. Bunu şuraya yerleştirsek daha güzel olur" diyemeyiz. Çünkü Allah her işini yerli yerince yapar. Aynaya baktığımızda yüzümüzdeki güzelliği bize veren kim? Vermeseydi bu güzelliği niye vermedin diyebilir miydik? Bütün bunlara bir ücret ödememiz gerekseydi nasıl güç yetirebilirdik. Bir gün, "Görmenin karşılığı şu kadar" deseydi nasıl altından kalkardık? Biz ise bize lazım olan her şeyi hazır bulduk. Bir fincan kahvenin kırk yıl hatırı varsa, saymakla bitiremediğimiz bu nimetlerin sahibine teşekkür etmek gerekmez mi?

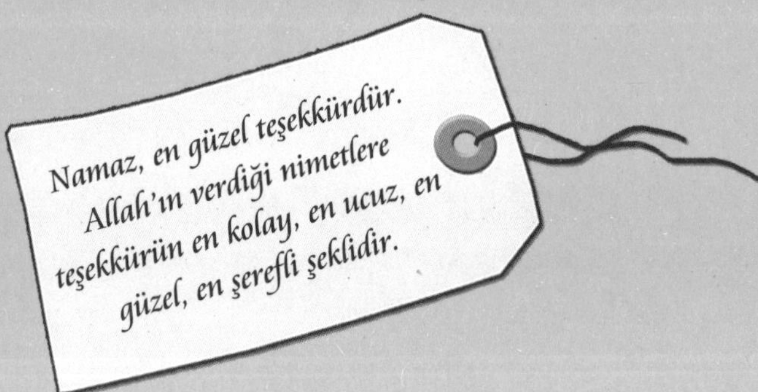

Sadece Bir Saat

Tamam, kılacağım ama çok zor geliyor dediğini duyar gibiyim. Namaz kılmak ne kadar zamanımızı alır? Bir günde beş vakit namaz kılıyoruz. Beş vakit namaz, sünnetleri ile beraber kırk rekât. Birer dakikada kılsak toplam kırk dakika eder. Bir de buna abdesti ekleyelim. Her abdesti dört dakikada alsak, o da yirmi dakika yapar. Bir günde toplam kırk dakika namaz, yirmi dakika da abdest ne yaptı? Altmış dakika, yani bir saat. Bizlere yaşamamız için her gün yirmi dört saat veren Allah'a teşekkür etmek için, namaz kılmaya bir saat ayırmamız gerekmez mi? Üstelik buna Allah'ın ihtiyacı yok. Bizim ihtiyacımız var. Bize verdiğinden, bizim için istiyor. Günde bir saatini namaza ayıran ebedi hayatında neler kazanacağını bir bilse, gece-gündüz namaz kılmaktan başka bir iş yapmak istemezdi.

Bizim en güzel örneğimiz Sevgili Peygamberimiz[sav] sadece beş vakitle yetinmemiş, armağan namazlar da kılmış. Sevinmiş, teşekkür için kılmış. Üzülmüş, hüznünün hafiflemesi için kılmış. Kısacası her şeyi namaz kılmak için bir vesile yapmış. Namazı özlemiş, namaza acıkmış, namaza susamış ve "gözümün nuru" diye iltifat etmiş.

Haydi Arkadaşlar Namaza!

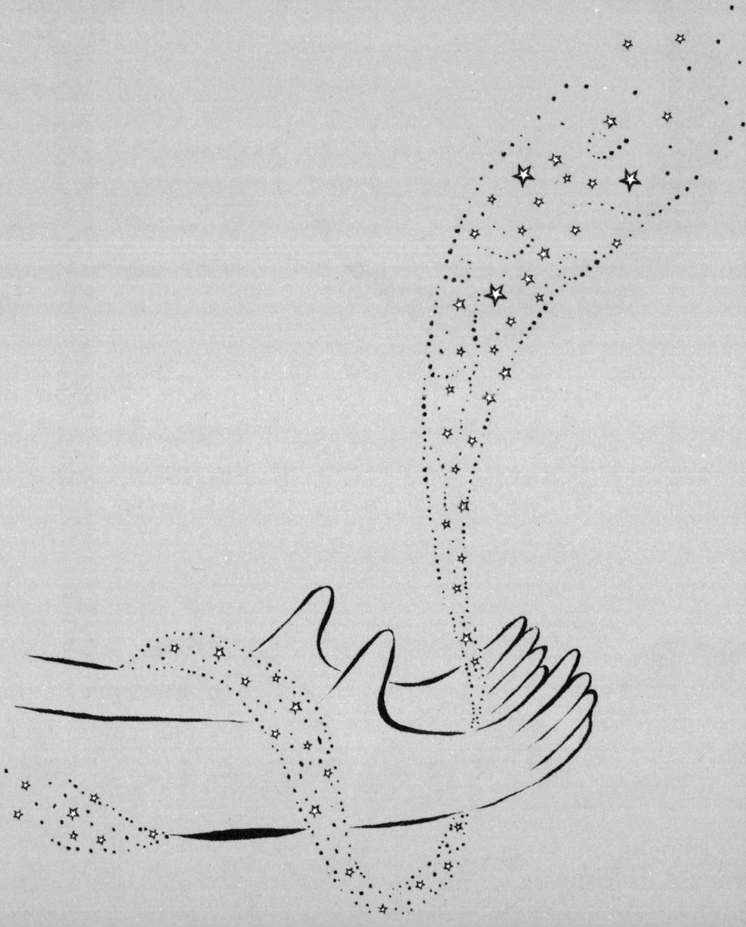

"Ey Oğulcuğum!

Namazı dosdoğru/gereğine uygun olarak kıl, iyiliği emret, kötülüğü engelle. (Bu esnada) başına gelecek (musibet)lere sabret. Çünkü bunlar (Allah'ın emrettiği) kesinlikle (ve kararlılıkla) yapılacak işlerdir."

[Lokman, 17]

"Özür dilerim, delikanlı, namazla aranı ben bozdum.

Namazı anlatırken sana, onu 'kılınmaz' gösterdim. 'Sen kim, namaz kılmak kim!' edasıyla yolunu kestim, yokuşa sürdüm seni. En başından en yükseğe koyarak çıtayı, gözünü korkuttum. Oysa, 'en sıradan' namazı bile hiç saymaya hakkım yok! Az şey midir insanın suya sabuna değip abdest alması, işlerini ve telaşlarını askıya alıp seccadesinde dur(ul)ması? Az şey midir insanın önceliklerini sonraya atıp bedeninin her parçasıyla kul olduğunu anla(t)ması? Kimin küçümsemeye hakkı var bir şehrin sağır duvarları arasında kendine kıble aramanı? Kimin azımsamaya haddi var ki kimsenin görmediği yerde en ince sızıları ortaya dökmeni?

Azımsadım yaptığını, küçümsedim çabanı. Şevkini kırdım, moralini bozdum. Özür dilerim..."[1]

Sevgili Senai Demirci abimin dediği gibi diyorum ben de sana. Yıllardır namaz kılman için özlem içindeydim. Senin namaz kılman beni çok memnun edecekti. Bunun için gayret ettim. Gayret etti tüm anne ve babalar ama bir şeyin farkında değildik. Sana niçin namaz kılman gerektiğini anlatmadan, namazı sevdirmeden namaz kılmanı istedik. Hata ettik. Hatamızı anladık. Onun için senden özür dileyerek söze başladık. Şimdi sana niçin namaz kılmamız gerektiğini anlatmak istiyorum. Beni ister bir arkadaş kabul et, isterse bir abi. Seni incitmeden, sana Rabbimizin en çok değer verdiği, Sevgili Peygamberimizin üzerine tir tir titrediği namazı kolayca nasıl anlatabilirim? Zor bir işe başladığımın farkındayım, biliyorum ama sonucu o kadar kıymetli ki... Bir kardeşimin namaza başlaması dünya hayatından daha hayırlı. Beni en çok mutlu eden de namaz kılmaya başlayan kardeşimden aldığım elektronik posta. O anki keyfime diyecek olmaz. Bazen "Hamd ederim Rabbim sana. Benim elimle bir kardeşim daha namaza başlamış" diye çığlık attığım bile olur. İstersen öncelikle niçin namaz kılmamız gerekiyor onu konuşalım seninle...

Niçin Namaz Kılmalıyız?

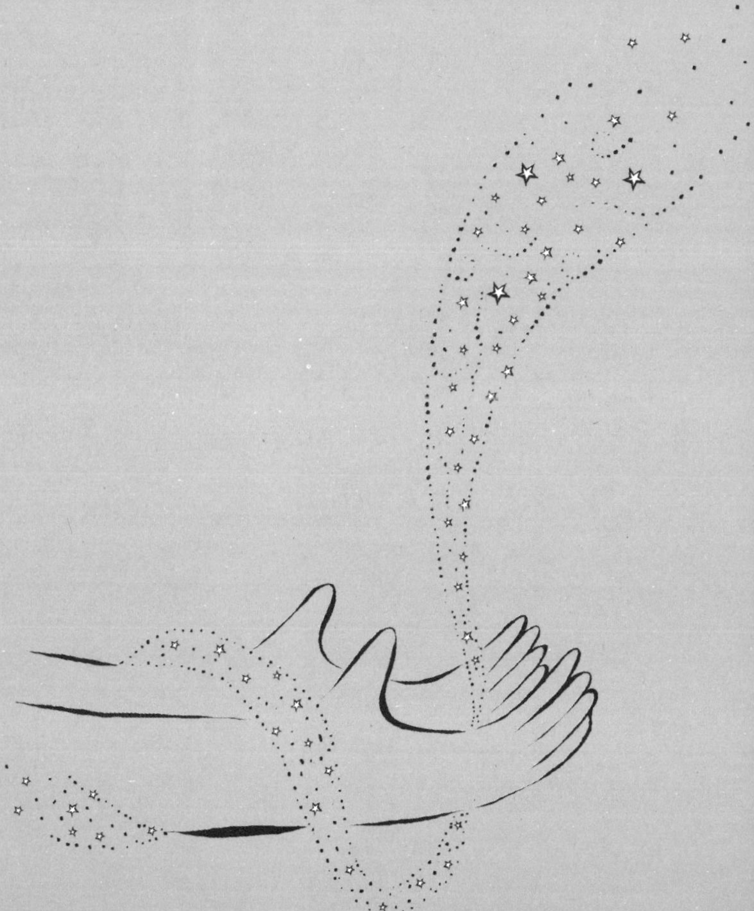

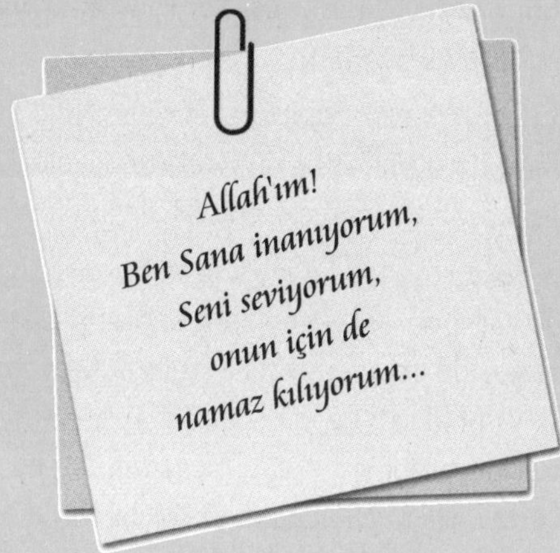

Kâinatta en yüksek hakikat imandır, imandan sonra namazdır. Çünkü namaz kılan insan bununla Allah'a olan inancını bizzat ispat etmiş olur. Allah'ım ben sana inanıyorum, seni seviyorum, onun için de namazımı kılıyorum. Nasıl namaz kılmam ki! Beni bütün yarattıklarının içinde en değerli kılan Sensin. Beni dağda ücra bir köşede duran bir taş yapabilirdin. Yapmadın. Yapsaydın itirazım olamazdı. Asırlarca belki orada duracaktım. Beni bir dere kenarında dikili ağaç da yapabilirdin. Dallarımda kuşların yuva yaptığı, gölgemde insanların oturduğu, daha sonra da kesilip işlenen veya yakılan bir ağaç. Yahut yerde sürünen veya yürüyen bir hayvan olarak da yaratabilirdin. Yapmadın. Beni seçtin ve insan olarak yarattın. İnsanlar içinde de Müslüman bir anne-babadan dünyaya getirdin ve kendine muhatap kıldın. Beni adam yerine koydun, peygamberler ve kitaplar gönderdin. En güzeli de son peygamber Hz. Muhammed'e(sav) ümmet eyledin, Kur'an-ı Kerim'le şereflendirdin. Bütün bunlarla dünyada nasıl mutlu olacağımı gösterdin. Hepsine teşekkür etmekten acizken bir de Senin emrine uyarsam ebedi hayatla, cennetle müjdeledin. Bütün bunlara karşılık sadece benden Seni tanımamı ve Sana kulluk etmemi istedin. Kitabımızdaki şu hatırlatman bana yol gösterdi: "Ben cinleri ve insanları ancak bana (ibadet ve itaatle) kulluk etsinler diye yarattım. (Zariyat Süresi, 56)" Söz veriyorum Allah'ım yaratılış gayeme uygun yaşayacağım.

Seni tanıyan ve kulluk edenlerle, etmeyenler; ölülerle diriler gibidir. Seni tanıyan gönüller bu dünyada mutlu olur. Ahirette de hiç tükenmeyecek nimetlerinle cennetle ödüllendirilir.

Sadece "Sana inandım" demek yeterli olsaydı, başta peygamberler böyle yapardı. Onlar imanlarının gereği olarak ibadetlerini de en güzel şekilde yaptılar ve bize örnek oldular. İnandım demek bir iddiadır. Onun ispatı ise ibadetlerdir. Yani Allah'ın istediği gibi yaşamaktır. Onun da elle tutulur, gözle görülür en somut ifadesi, namazdır. Onun için severek namaz kılmalıyım.

Yemeden, içmeden, oksijen almadan ne kadar yaşayabiliriz? Bunlar bedenimizin ihtiyacıdır. Acıkınca yer, susayınca suyumuzu içeriz. Nefes alıp vermede hiç kusur etmeyiz. Bedenimiz gibi gönlümüzün, ruhumuzun da ihtiyacı vardır. Bu da namazdır. Namaz kılmayan insan ruhunu aç bırakıyor demektir. Bugün çevremizde gördüğümüz birçok kötülüğü işleyenler genelde ruhunu gıdasız bırakanlardır. Hapishanedeki gençlerle yapılmış bir anket sonuçları bunu aynen doğruluyor. 600 genç mahkûm içinde namaz kılmasını bilen sadece altı kişi çıkmış. Hapishaneleri dolduran, sokaklarda sürünen, okullarda terör estiren, annesine babasına isyan edenlere baktığımızda karşımıza hep aynı sonuç çıkıyor: Namazsızlık hastalığı. Allah(cc) bizleri ve sevdiklerimizi namazsızlık hastalığından korusun. Amin.

Namaz Kılan Kime Benzer?

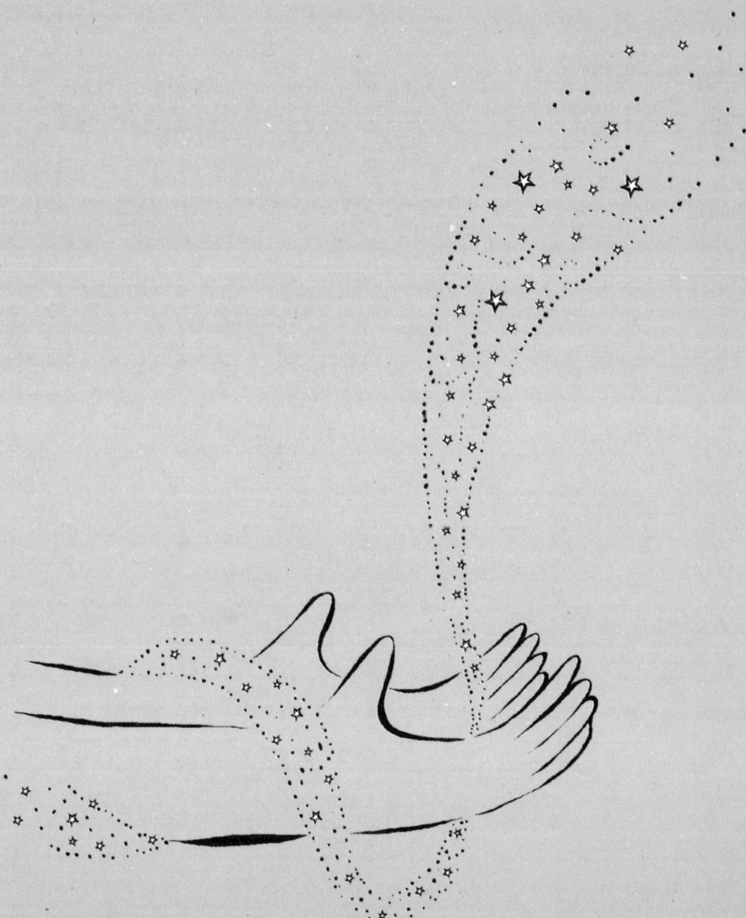

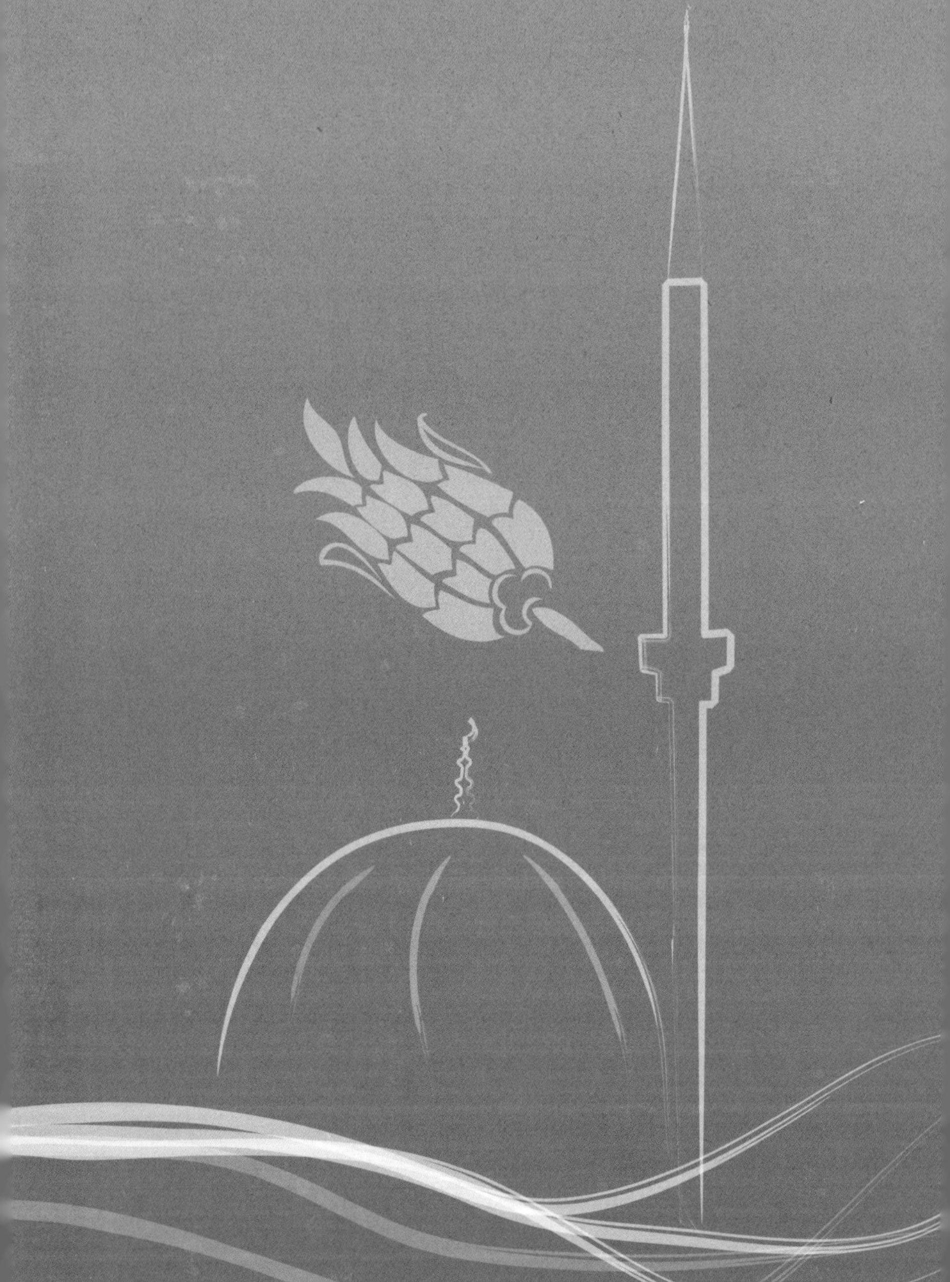

"Yeryüzünün en akıllı insanları kimlerdir?" diye sorsalar vereceğimiz cevap bellidir. Allah'ın en çok sevdiği ve seçtiği örnek insanlardır: Peygamberler ve Peygamber Efendimiz Hz. Muhammed'dir. Kur'an-ı Kerim'den öğrendiğimize göre hepsi namaz kılmış ve namaz kılmayı sevenlerine de öğretmişlerdir. Demek ki namaz kılan, Peygamberimize benziyor. Namazını kılmayan kime benziyor, onu da siz bulun bakalım. Secde etmeyerek ilk defa isyan eden kim? Allah'ın secde etme emrine uymayarak huzurdan kovulan kim ise, namaz kılmayan da ona benzer. Hem o bir kez secde etmediği için huzurdan kovulduysa, günde beş defa aynı suçu işleyenin halini siz düşünün.

Peygamberimizin yetiştirdiği gençler ki başta Hz. Ali, Musab bin Umeyr, Zeyd bin Harise, Erkam, Zübeyr bin Avvam olmak üzere hepsi de namazlarını aşkla kılmışlardır. Peygamberimizin, "yıldız gibiler" diye iltifat ettiği ashabı içinde namazını kılmayan bir kişi bulunmaz. Onlar için namazsız hayat ölümden beterdir. Bedir Savaşı'nda, ölümle burun burunayken bile namazı terk etmediler. İdam edilirken düşman elinde son istekleri namaz kılmaktı.

Onların yolunu izleyen Allah dostları hepsi birer namaz aşığıdır. Namazlarını vaktinde gözyaşlarıyla kılarlar. Çünkü onlar Sevgili Peygamberimizin(sav) izince yürümeye ve O'na benzemeye çalışmışlardır. Yolumuzu aydınlatanlardan Hz. Mevlana, Hacı Bayram Veli, Yunus Emre, Hacı Bektaş-ı Veli, Aziz Mahmud Hüdai, Bediüzzaman

Said Nursi, Mehmed Zahid Kotku, Ramazanoğlu Mahmud Sami, Ali Haydar Efendi, Muhammed Raşid Erol, Allah'ın rahmeti üzerlerine olsun, hepsi namaz sevdalısıdır. Hayatlarını namaza göre ayarladıkları için unutulmayanlar arasına katılmışlardır. Bu gün vefat edip aramızdan ayrılmış olmalarına rağmen hâlâ inananların gönlünde yaşamaları ve hayır dua ile anılmaları bunun en güzel delilidir.

Namaz kılan Allah'ı unutmaz. Allah'ı unutmayanı da Allah unutmaz. Allah onları sever, sevdiği için de bütün sevdiklerine sevdirir.

"Seccadenin adresi olsaydı..." der sevgili abim, Senai Demirci:

Seccade, hiç olmazsa kalıbımla-lütfedilirse kalbimle Muhammed Mustafa'ya(sav) benzediğime emin olduğum yerdir.

Seccade, içimizde Rabbimizi en çok sevenin, en çok sevdiği yerdir. Seccade, içimizde Rabbimizce en çok sevilenin, Rabbince en çok sevildiği yerdir. Seccade, içimizde bizi en çok seven Sevgili'nin(sav) bizi görmekle en çok sevindiği yerdir. O'nun gibi sevmek, O'nun gibi sevilmek, O'nu sevindirmek için seve seve seccadeye koşmamız gerekmez mi?

Asr-ı Saadetten Güzel Örnekleri Tanıyalım

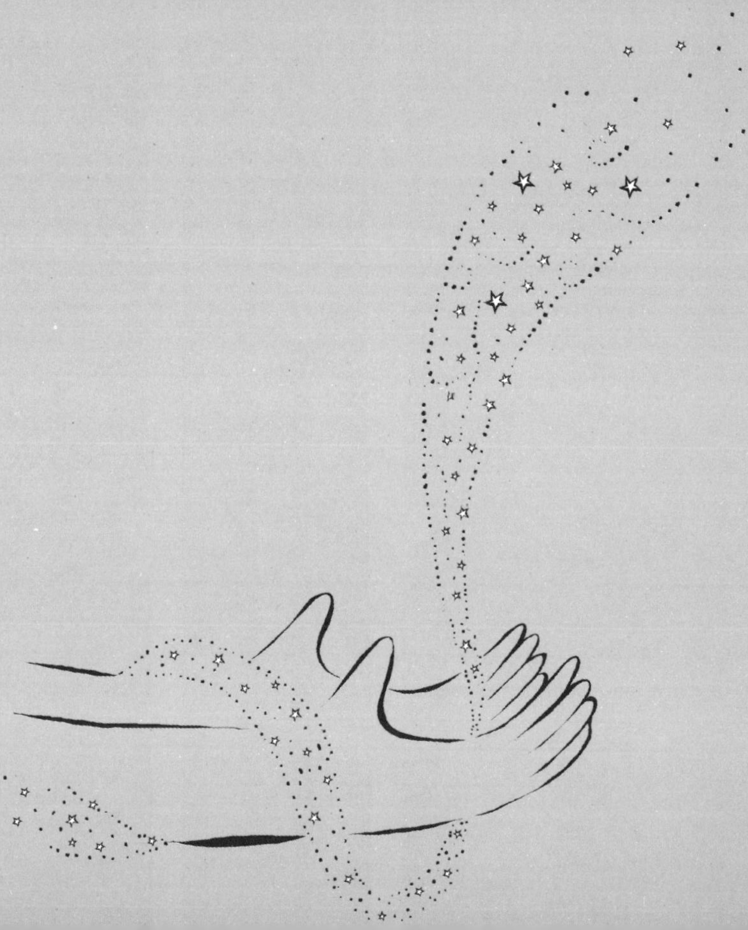

Sahabenin önde gelenlerinin namaz hassasiyetini öğrenmeliyiz. Onlar, ölüm döşeğinde bile "namaz" deyince nasıl canlandılar? Bunları bilirsek biz de onlara benzemeye çalışırız. Kişi tanıdığını sever, sevdiğini taklit eder. Sevdiğinin boyasıyla boyanmış olur. Burada o altın çağdan birkaç örnek verelim:

Hz. Ömer'in Namaz Hassasiyeti

"Peygamberimizin(sav) güzide sahabeleri namaza öyle önem veriyorlardı ki, onun uğrunda hiçbir engel tanımazlardı. Namaz yolunda savaş, yaralanma, ölüm bile vız gelirdi.

Dünyada iken cennetle müjdelenen Hz. Ömer (r.a) kanlı bir suikasta uğramıştı. Yarasından kanlar akarken evine getirilmişti.

— Yemek ister misin, diye sormuşlardı.

— Hayır, cevabını vermişti.

— Su içer misiniz?

— Hayır.

Bunun üzerine etrafındaki sahabeler:

— Namaz kılacak mısın, diye sormuşlardı.

Hz. Ömer'in adeta gözleri parlamış, yavaş yavaş enerjisi tükenmekte olan vücuduna can gelmişti.

— Evet, kılacağım, dedi.

O güzel insan, yarasından kanlar akarken sabah namazını kılmış, namazı terk etmeyi aklından bile geçirmemişti."[2]

Namaz Canını ve Malını Kurtardı

"Sahabelerden Ebu Mı'lak (r.a) isminde ticaretle uğraşan bir zat vardı. Bir defasında ticaret için yolculuk yapıyordu. O zamanlarda yol güvenliği yoktu. Bu yüzden karşısına silahlı bir eşkıya çıktı.

— Neyin varsa çıkar, seni öldüreceğim, dedi.

Bu tehdit karşısında Ebu Mı'lak:

— Maksadın mal almaksa al, dedi.

Hırsız ise, malı almakla birlikte izini de kaybettirmek istiyordu:

— Ben sadece senin canını istiyorum, dedi. Ebu Mı'lak:

— Öyleyse bana izin ver namaz kılayım, dedi. Hırsız:

— İstediğin kadar namaz kıl, deyince Ebu Mı'lak namaz kıldı ve şöyle dua etti:

— Ey kalplerin sevgilisi! Ey yüce arşın sahibi! Ey her dilediğini yapan Allah'ım! Ulaşılmayan izzetin, kavuşulmayan saltanatın ve arşını kaplayan nurun hürmetine beni şu adamın şerrinden korumanı istiyorum! Ey imdada koşan Allah'ım, yetiş imdadıma!

Ebu Mı'lak bu duayı üç defa tekrarladı. Duasını bitirir bitirmez, silahlı bir atlının hızla yaklaştığını gördü. Atlı, hırsızı bir mızrak saplayarak öldürdü. Sonra da Ebu Mı'lak'a döndü. Allah'ın lütfuyla kurtulan Ebu Mı'lak:

— Kimsin sen? Allah seninle bana yardım etti, diye şaşkınlıkla sorunca, atlı kişi:

— Ben dördüncü kat gökteki meleklerdenim. İlk duanı yapınca gök kapılarının çatırdadığını işittim. İkinci defa dua edince, gök ehlinin senin kurtulman için feryat ettiğini işittim. Üçüncü defa dua edince, 'Zorda kalan biri dua ediyor!' denildi. Bunu duyunca Allah'tan,

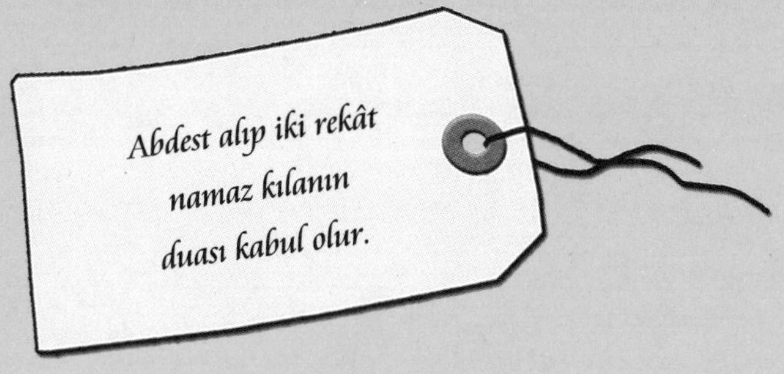

hırsızı öldürmek için beni görevlendirmesini istedim. Allah da kabul etti ve yardımına geldim. Şunu bil ki abdest alıp dört rekât namaz kılan ve bu duayı yapan kimsenin, zorda olsun veya olmasın duası kabul edilir, dedi."[3]

Namaz Hidayetine Sebep Oldu

"Peygamberimizin(sav) amcasının oğlu olan Hz. Ali, Allah'ın aslanı lakabıyla da anılırdı. Hz. Ali'nin annesi, Peygamberimize(sav) kendi çocuğu gibi bakan Fatıma binti Esed'dir. Hz. Ali, Müslümanlığı ilk kabul eden çocuktur. Bir gün Peygamber Efendimiz ve eşi Hz. Hatice'yi namaz kılarken gördü. Onları hayran hayran izledi. Şimdiye kadar hiç böyle bir şey görmemişti. Namaz bitince:

— Bu yaptığınız nedir, diye sordu. Peygamber Efendimiz(sav):

— Ey Ali, bu Allah'ın seçtiği, beğendiği dindir. Seni bir olan Allah'a iman etmeye çağırıyorum. İnsana fayda ve zararı dokunmayan putlara tapmaktan sakındırıyorum, buyurdu.

Bir an için duraklayan Hz. Ali:

— Bu benim bu zamana kadar duyup işitmediğim bir şey. Babamın iznini almadan bir şey yapamam, diye konuştu.

O gün kimseye bu meseleyi açmadı. Geceyi düşünerek geçirdi. Şafak aydınlığı ile birlikte kalbine bir ışık doğdu. Doğruca Resulullah'ın(sav) huzuruna vardı, şöyle konuştu:

— Allah beni yaratırken babam Ebu Talib'e sormadı. Ben neden Allah'a iman edip ibadet etmek için gidip ona danışıp iznini alayım?

Böylece ilk Müslüman çocuk olma şerefini aldı."[4]

Namazla Yardım İsteyelim

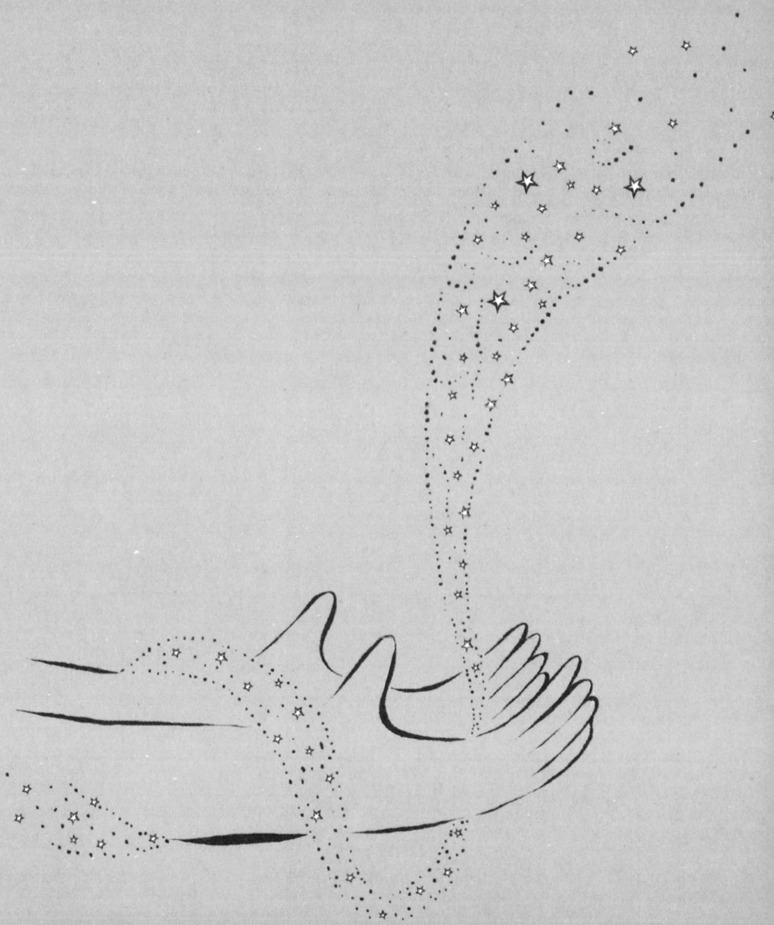

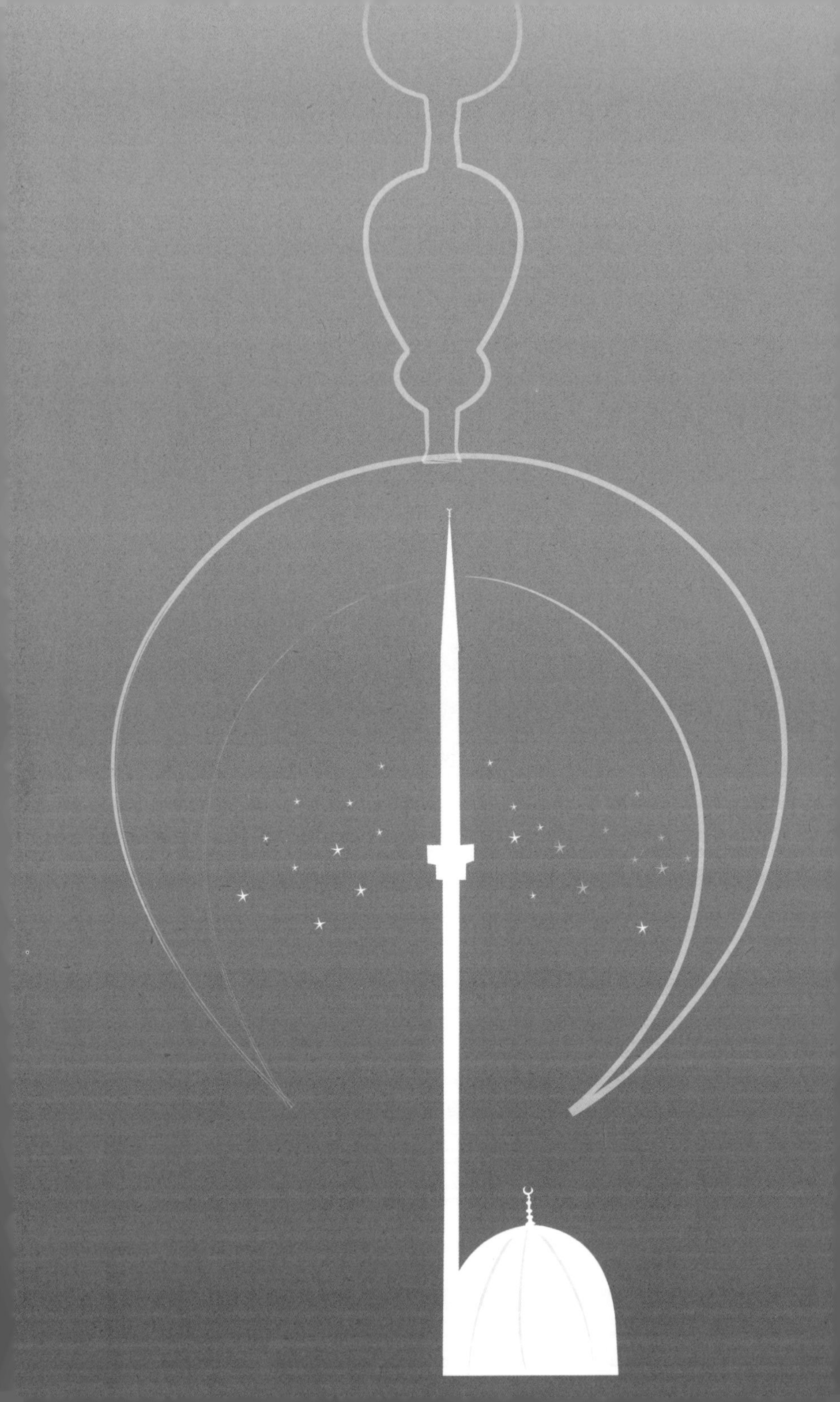

Çoğu zaman isteklerimizi başkalarına anlatırız. Bize bizden yakın olan Rabbimizi unutuveririz. Bize kalbimizden, kalbimize de bizden daha yakın olan Rabbimizden istesek dileğimiz gerçekleşecek, farkında değiliz. Özellikle sınav dönemlerinde dua istekleriyle çok fazla karşılaşıyorum. "Abi SBS sınavım var dua eder misin" veya "ÖSS'ye giriyorum hangi duaları okuyayım?" diyenler oluyor. Ben de o kardeşlerime yüce Rabbimizin şu emrini hatırlatıyorum:

"(Ey müslümanlar!) Sabır ve namazla (Allah'tan) yardım isteyin. Şüphesiz bu (şekilde yardım istemek Allah'a) gönülden saygı duyanlardan başkasına zor ve ağır gelir. (Bakara Suresi, 45)"

Sevgili Peygamberimizin(sav) ve örnek ashabının yaptığı gibi dileklerimizi namazdan sonra Allah'a ileteceğiz. İnanın bazen öyle bir an gelecek ki siz elinizi indirmeden dilediğinizi elde ettiğinizi göreceksiniz. Bu demek değildir ki sevdiğimiz kişilerden dua istemeyelim. Elbette onlardan da dua isteyeceğiz. Özellikle anne ve babamızın duası Peygamberimizin bize olan duası gibidir. Bu, elimizde bulunan muhteşem bir hazinedir fakat biz önce Rabbimizden isteyeceğiz. Üzerimize düşeni yapacağız. Sonra buna diğerlerini ilave edeceğiz. Biz günde en az kırk defa şöyle yalvarıyor ve söz veriyoruz:

"(Ey Rabbimiz!) Yalnız sana (ibadet ve itaatle) kulluk eder ve (her hal ve ihtiyacımızda) ancak senden medet umar/yardım dileriz. [Fatiha Suresi, 5]"

Namaz duamızın kabulüne vesiledir. Rabbimiz de böyle yapmamızı istiyor bizden. Bize en güzel yolu gösteriyor. "İste" diyen, istediğimizi vermez mi hiç? Sahabenin hayatında bununla ilgili onlarca örnek bulabiliriz. Hz Enes'in hayatından bir örnek ile bunu daha iyi anlamaya çalışalım:

Bir yaz günü Hazreti Enes'e bahçıvanı gelerek, yağmur yağmadığından ve bahçenin kuruduğundan yakındı. Bu haber üzerine Hazreti Enes, Rasulullah'ın "Herhangi bir ihtiyacı olan kimse iki rekât namaz kıldıktan sonra Allah'a dua etsin" şeklindeki "Hacet namazı" tavsiyesini hatırladı. Su isteyerek abdest aldı ve namaza durdu. Selam verdikten sonra bahçıvanına:

— Gökyüzünde bir şey görebiliyor musun, diye sordu. Bahçıvan:

— Göremiyorum, dedi. Enes, tekrar içeriye girerek namaz kılmaya devam etti. Birkaç kez bahçıvanına:

— Gökyüzünde bir şey görebiliyor musun diye sorunca adam:

— Kuş kanadı gibi bir bulut görüyorum, dedi.

Bunun üzerine Enes namazını ve duasını sürdürdü. Az sonra bahçıvan Hazreti Enes'in yanına girdi ve:

— Gök bulutla kaplandı ve yağmur yağmaya başladı, dedi. Bunun üzerine Hazreti Enes:

— Haydi, ata bin de yağmurun nereye kadar yağdığına bir bak, dedi. Bahçıvan etrafı dolaştığında, yağmurun sadece Hazreti Enes'in büyük bahçesine yağdığını gördü.[5]

Ben Sadece O'ndan İsterim

Bir devirde adil bir vali vardı. Bir gün bu valinin jandarmaları birkaç hırsızı yakalamış, sonra da durumu kendisine bildirmişlerdi. Hırsızlar gecenin bir yarısı valinin yanına getirilirken, içlerinden birisi jandarmalardan kurtulup kaçıvermişti. Tam o sırada yolda giden bir adam, jandarmaların gözüne çarptı ve kendi halinde evine giden bu adamı kaçan hırsız zannederek yakaladılar. Sonra da diğer zanlılarla beraber valinin yanına götürdüler. Vali dedi:

— Hepsini hapsedin!

Bu emir üzerine yakalanan adamların hepsi hapse konuldu. Hiçbir suçu olmayan adam, hapishanede hemen abdest alıp, vakti geçmek üzere olan namazını kıldı. Sonra da:

— Ey rabbim! Bir suçum olmadığını ancak Sen biliyorsun. Beni bu hapisten ancak Sen kurtarırsın, diye dua etti.

Bu sırada uykuda olan vali ise hayli ilginç bir rüya gördü. Rüyasında dört kuvvetli kişi gelip, tam makamını ters çevireceklerdi ki o an uykusundan uyandı. Hemen kalkıp abdest aldı ve iki rekât namaz kıldı. Tekrar uyudu. Fakat rüyasında tekrar aynı dört kişiyi gördü ve yine uyandı. Kendisinde bir mazlumun ahı olduğunu anlamıştı. Sabah erkenden hapishane müdürünü çağırtıp sordu:

— Acaba hapishanede haksızlığa uğrayan birisi mi var? Bunun üzerine müdür dedi ki:

—Bunu bilemem efendim. Yalnız hapishanedekilerden biri namaz kılıyor, çok dua ediyor, sürekli gözyaşı döküyor. O zaman vali:

—Hemen o adamı buraya getiriniz, dedi. Adamı çabucak valinin yanına getirdiler. Vali adamın halini sorup, durumu anladı ve dedi ki:

—Senden özür diliyorum. Hakkını helal et ve şu hediyemi kabul et. Herhangi bir arzun olunca da bana gel! Suçsuz adam:

—Ben hakkımı helal ettim. Verdiğiniz hediyeyi kabul ettim. Fakat işimi, dileğimi senden istemeye gelemem, dedi. Vali sordu:

—Peki neden?

—Çünkü benim gibi bir fakir için, senin gibi bir valinin makamını birkaç defa tersine çevirten Allah'ı bırakıp da dileklerimi başkasına söylemek, kulluğa yakışır mı?

Namazlardan sonra ettiğim dualarla nice sıkıntılardan kurtuldum, pek çok muradıma kavuştum. Rabbim sonsuz rahmet hazinesinin kapısını, ihsan sofrasını herkese açmışken niçin O'ndan başkasına gideyim?[6]

Bizim örnek aldığımız büyüklerimiz savaşta bile namazlarını kılmışlardır. Namazla aralarına girecek ne varsa ellerinin tersiyle itmişlerdir. Namazla aralarındaki engelleri bir bir uzaklaştırıp Rablerinin huzuruna durmuşlardır. Söyler misiniz bana namaz kılmamaya bahane savaştan daha büyük ne olabilir? Can pazarındasınız, her an düşmanla karşı karşıyasınız. Ölümle burun burunasınız. Böyle durumda biz olsak ne yaparız? Namazı kazaya bırakmak için bulunmaz bir fırsattır değil mi? Can mı namaz mı? Allah'a iman eden, Sevgili Peygamberimizin(sav) yetiştirdiği güzel insanlar, sahabe-i kiram efendilerimiz Bedir Savaşı'nda Efendimizle birlikte namazlarını cemaatle kıldılar. Savaş namazlarıyla aralarına giremedi. Savaşta bile namazlarını terk etmeyenlere Allah zaferler verdi. Hem de kendilerinden üç kat büyük düşman ordusunu Allah'ın yardımıyla bozguna uğrattılar. Biz Allah'ın emrini üstün tutarsak Allah da bizi üstün kılacak. Dün nasıl onlar namazla başardılarsa biz de bugün aynı şekilde başaracağız Allah'ın izniyle. İşte yakın tarihimizden muhteşem bir örnek:

Can mı Canan mı?

Çanakkale Savaşı'na katılmış olan Mustafa Hulusi adında bir asker vardı. Bu asker küçük yaşlardan beri namazlarına çok dikkat eden birisiydi. Allah'a büyük bir sevgi ve saygı ile bağlı olan Mustafa, en zor şartlarda bile namazını kazaya bırakmamaya özen gösterirdi.

Çanakkale Savaşı başlayalı aylar olmuş, Mustafa savaş sırasında bile bütün tedbirleri alarak namazını geçirmemişti. Savaş bütün şiddetiyle devam ediyor, her gün birbirinden yoğun geçiyordu.

Yine böyle günlerin birinde Mehmetçikler, düşmana karşı büyük fedakârlıklar göstermekte ve şiddetli bir çatışma içinde bulunmaktaydılar. Bir ara Mustafa, ikindi namazının vaktinin çıkmak üzere olduğunu fark etti. Kendisine namaz kılacak uygun bir yer bakarak, çalılığın arkasını gözüne kestirdi. Arkadaşlarına namaz kılmak için istihkâmdan çıkacağını söyledi. Onların "Dur gitme, vurulursun!" sözlerine rağmen, hiç birisine aldırış etmedi. Bir fırsatını bulunca, kendisine siper olacağını düşündüğü çalılığın arkasında Rabbinin huzurunda durdu. O, namazını eda ederken, biraz evvel kendisinin de içinde bulunduğu istihkâma bir top güllesi düşmüş ve bütün arkadaşları şehit olmuştu.

Muhteşem Bir Tablo

Çanakkale cephesinde çarpışan bir Anadolu delikanlısının ateş altında kıldığı namazını, çok içli, sımsıcak bir şekilde gözler önüne seren şair Ahmet Nedim'in "Namaz" isimli şiiri, bizi biz yapan dinamikleri, Mehmetçiği "Mehmetçik" yapan değerleri ortaya koyması açısından çok değerlidir.

Süngüsünden kurduğu mihrabın önünde, ateş çemberi altında, huşu içinde Rabbine yönelip sonra da cepheye koşan Mehmetçiği tasvir eden bu şiiri gelin birlikte yudumlayalım:

x x x

İngiliz vakit vakit gemilerden, siperden...
Yine bolca gülle, bomba savurduğu bir gündü.
Hızlı hızlı geçiyordum, tehlikeli bir yerden
Birdenbire gözlerime büyük bir şey göründü.

x x x

Böyle büyük görünen şey küçük bir insandı,
Fakat bana çok dokundu, ayaklarım bağlandı.

x x x

Ateşlerin yaladığı bu düzlükten geçerken
Güllelerin cehennemlik yağmurundan kaçarken
Yolun biraz kenarında, tek başına bir nefer,
Pervasızca bombalardan, ateşlerden, her şeyden

x x x

Kendisine, süngüsünden bir mihrapçık kurmuştu.
Sonra onun karşısında namaza durmuştu.

x x x

Ne havada ıslık çalan ve düştüğü yerlere
Kızgın çelik dahmelere ölüm saçan gülleler
Ne, semada ifrit gibi, vızıldayan tayyare...
Ne dünyalık bir dünce, ne bir korku, ne keder.

x x x

Onun demir yüreğini oynatmaktan acizdi,
Sanki toplar, şarapneller tehlikesiz, sessizdi!

x x x

Potinleri yanındaydı, Onun büyük saygısı
Kunduralı ibadeti görmüyordu muvafık.
Böyle temiz bir yüreğin bütün işi, kaygısı,
Elbet Hakk'ın rızasına olmalıydı mutabık.

x x x

Kuru toprak üzerinde kundurasız kılınan
Bu namazın pek uygun kubbesiydi asuman.

x x x

Bir çam, ona gölgesinden yapmış idi seccade
Sanki tekbir alıyordu, vakit vakit, top sesi...
Gözlerin, sade akı beyaz kalan yüzünde
Parlıyordu, o sarsılmaz imanın gölgesi.

x x x

Bir Müslüman nasıl olur, bu levhadan anladım
Hürmetlerle yavaş yavaş sokuldum beş on adım

x x x

Başındaki kabalığın gölgesine gömülen
Süzük gözler dikilmişti o süngüden mihraba
Hakk'ın büyük divanında, eli bağlı dururken
Artık O, can kaygısını almıyordu hesaba.

x x x

Allah Allah, bu ne yüksek bir imandır ya Rabbi
Bir Müslüman, ne büyük bir kahramandır ya Rabbi!

x x x

Kahramandır, çünkü toplar etrafında patlarken
Zerre kadar titremedi, namazını bozmadı.
Dört yanına ateş saçan, türlü türlü afetten
Sanki onu koruyordu bir meleğin kanadı.

x x x

Onun, böyle tevekkülü bana pek çok dokundu.
Yüreğimi bir şey ezdi... İki gözüm sulandı.

x x x

Ey medeni İngilizler! Daha varsa getirin
İnsanları, küme küme öldürecek şeyleri...
Getirin de şu cenneti cehenneme çevirin,
Bak onlar korkutur mu bir Müslüman neferi?

x x x

Bunu hâlâ anlamıyor ne Hamilton, ne Grey
Müslüman'ı korkutamaz Allah'ından başka şey.

x x x

Böyle dalgın, düşünerek geçerken ben yanından
Sağa sola selam verdi, namazını bitirdi.
Sonra, biraz kımıldadı. Ellerini, yaradan
Tanrı'sına dua için gökyüzüne çevirdi.

x x x

Şimdi, artık, Allah'ına döküyordu derdini
Gözlerini kapamıştı, unutmuştu kendini

x x x

Tanrı'sına karşı, boynu bükük duran bu nefer
Korku bilmez bir yiğitti... Hürmetlerle eğildim...
Duasına, mutlak "Amin" diyorlardı melekler.
Kendimi pek fazla gördüm, usul usul çekildim!

× × ×

Ben giderken kulağıma değdi onun sadası:
"Allahümme salli ala seyyidina..." duası.

× × ×

Çekilmiştim ; fakat hâlâ geriye
Bakıyordum ne yapıyor o diye.
Ben merakla, böyle durup bakarken
O, doğruldu silkinerek yerinden.

× × ×

Tanrı'sıyla hesabını bitirdi
Süngüsünü kılıfına geçirdi.

× × ×

Gidiyordu... Arkasından seslendim
Dönüp baktı, cevap verdi : "Efendim!"
"Uğur ola, acelen ne hemşerim?
Biraz eğlen, gel cigara içelim."

× × ×

"Yok efendi, affedersin işim var.
Öyle çokluk eğlenemem vakit dar."

× × ×

"Adam sende ne olurmuş, gel biraz,
Şuracıkta oturalım..."

"Olamaz sonra belki yetişemem nöbete.
Buradan daha epey sürer şu tepe.

x x x

Başka vakit görüşürüz inşallah."
"Selametle koç yiğidim eyvallah
Fakat bari, şu paketi olsun al."
"Eksik olma, tütün içmem, hoşça kal!"

x x x

Bir söz daha : "Neredensin?"
"İleride, Kanlı Sırtın önündeki siperde."
Böyle deyip şahin gibi süzüldü,
Sanki bir aslandı çözüldü.

x x x

Kanlı Sırtın önlerinde eğlenirmiş bu aslan.
Fakat bilmem bu toprağın kansız yeri neresi?
Düşmanlarda şahittir ki, seller gibi çağlayan
Türk kanı ile yoğrulmuştur bütün dağı, deresi.

x x x

Sen de işte o fedakâr erlerdensin ey yiğit!
Vazifen pek mukaddestir, ama durma haydi git.

x x x

Adı neydi, nereli idi? Soramadım kendine,
Fakat onun Türk olduğu lisanından belliydi,

Adı Mehmet, ya Ahmet'miş anlamaya hacet ne?
Oradaki yiğitlerin hepsi de bir halliydi.

x x x

Hepsi dindar, hepsi nazik, hepsi tosun, hepsi mert
Hepsinde de düşman kini bir onulmaz acı dert.

x x x

Selam size, ey Bursa'nın, Ankara'nın, Konya'nın
Vatan için ölümleri şeref bilen evladı!
Emin olun, sizden akan bir damlacık al kanın
Elemiyle bir milletin bütün ruhu kanadı.

x x x

Şimdi hâlâ, nerede görsem kabalaklı bir asker
Hatırıma gelir hemen namaz kılan o nefer.

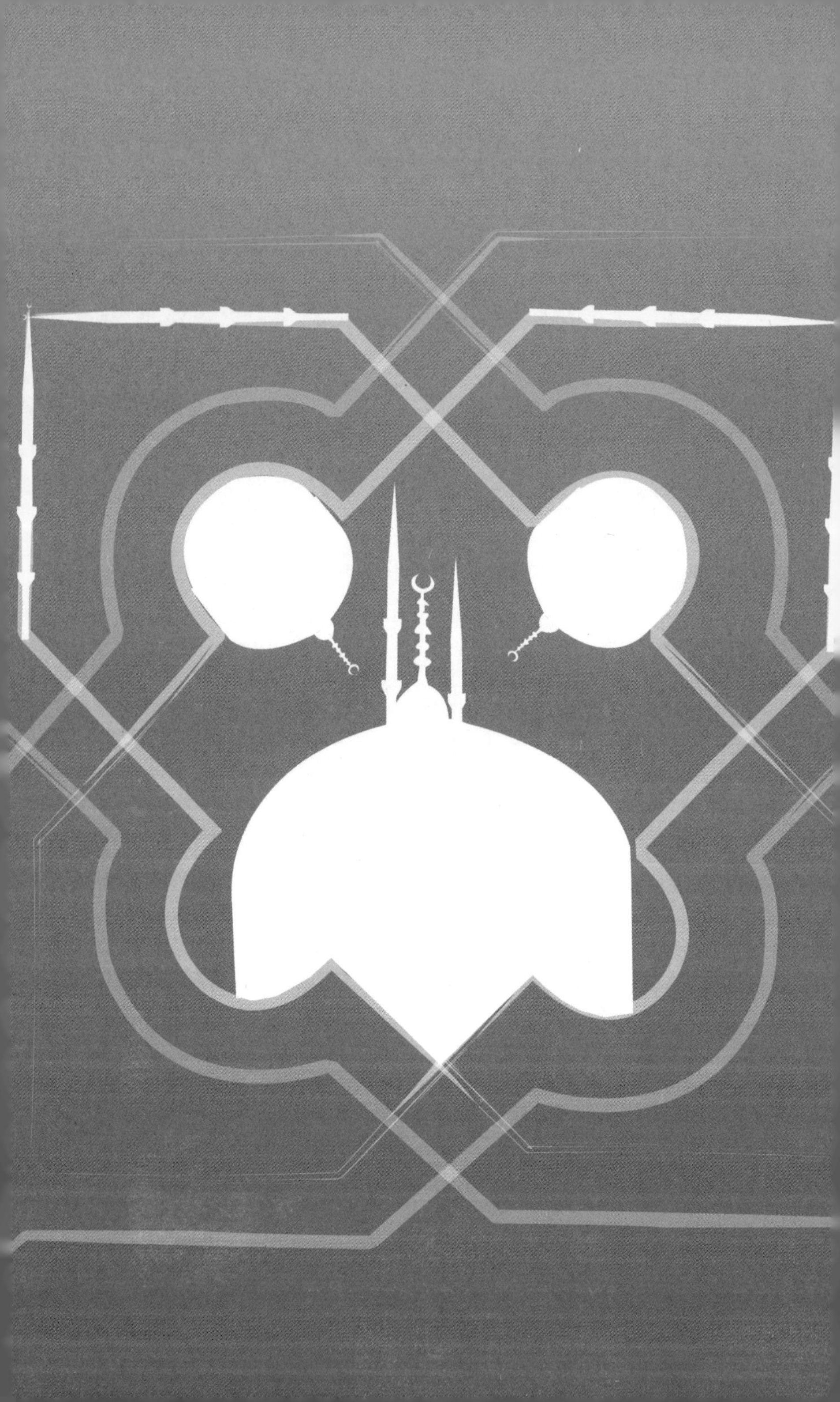

Peygamberimiz ve Çocuklar

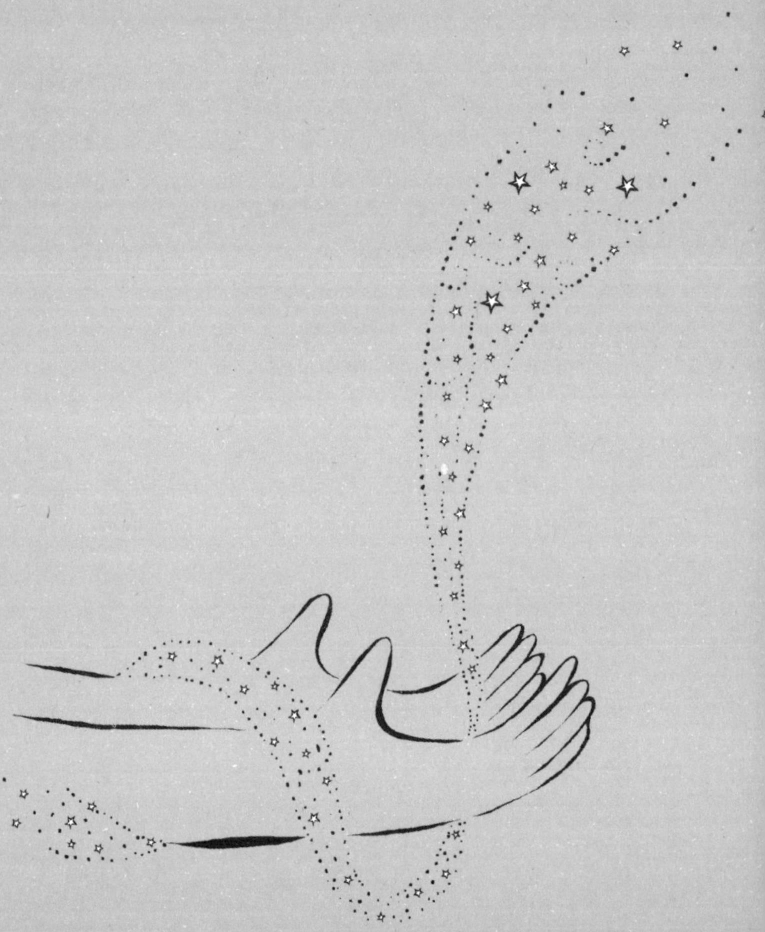

Peygamberimizin Çocuklara Olan İlgisi

Sevgili Peygamberimiz(sav)'in zamanında mescide ailece gidilirdi. Sabah ve yatsı namazlarına bile çocuklar anneleriyle gider, onlar da orada yerlerini alırlardı. Kimi oynar, kimi namaza eşlik ederdi. Bazıları ise namazdayken ağlardı. Efendimiz onlara kızmaz, bağırmazdı. Onların mescide gelmesine asla engel olmazdı. Çocuklar O'nu sever, O da çocukları severdi. O, yarının büyüklerini bu feyizli, bereketli ortamda yetiştirmek istiyordu.

Bir gün sabah namazının birinci rekâtında oldukça uzun okudu. O okudukça ashabı keyifle okunan ayetleri dinledi, tefekkür etti. Ayetlerle gönülleri inşirah buldu. Kim istemezdi ki o havayı teneffüs etmek, O'nun kıraatinden feyizlenmek? Derken birinci rekâtın rükusu ve secdesi yapıldı ve ikinci rekâta başlandı. İkinci rekâtta ise birkaç ayet okudu ve namazı tamamladı. Sahabe-i kiram şaşırdılar. Onlar bekliyorlardı ki ikinci rekâtta da birinci rekâtta olduğu gibi uzunca bir Kur'an ziyafeti ile nimetlenecekler. Bu duruma anlam veremediler. Ve sonunda bu durumu anlamak için Efendimiz(sav)'e sordular:

"Ya Resulallah! Biz bekliyorduk ki ikinci rekâtta da uzunca okuyacaksın, biz de huşu ile dinleyeceğiz. Fakat olmadı. Kısa bir kıraatle namazı tamamladınız. Mahzuru yoksa sebebini anlatır mısınız?"

Bunun üzerine Efendimiz(sav):

"Duymadınız mı ağlayan çocuğun sesini? Annesine ve çocuğa sıkıntı vermemek için namaza yetecek kadar okudum ve namazı tamamladım" der.[7]

O'nun dünyasında çocukların özel bir yeri vardır. Peygamber Efendimiz(sav) çocukları anne ve babalarından daha çok düşünür. Çocukları üzmemek için en çok sevdiği namazını kısa keserek tamamlar. Başka bir gün çok daha farklı bir durum meydana gelir.

O gün de namazda secde alışılmışın dışında uzatılır. Birlikte namaz kıldıkları ashabı secdenin bu kadar uzatılmasına anlam veremezler. Zannederler ki O'na vahiy geldi. Namazdan sonra içlerinden biri sorar:

"Ya Resulallah! Namazda secdeyi oldukça uzattınız. Diğer zamanlarda bu kadar bekletmiyordunuz. Bundan sonra namazda böyle mi yapacağız?"

Bunun üzerine Efendimiz(sav):

"Torunum boynuma binmişti. Oyunu bozulmasın diye secdeyi biraz uzatıverdim" buyurdu.[8]

Çocuklarla Oynaması

Hz. Peygamber(sav) çocukların oynamasına ve oyunda onlara yardımcı olunmasına da dikkatimizi çeker. Bu konuda şöyle der:

Koşu yarışı yapan çocukları görünce O(sav) da aralarına karışır, onlarla beraber yarışır. Kazananı ödül olarak devesine bindirir ve Medine sokaklarında gezdirir.[9]

Hz. Hasan ve Hüseyin bir develerinin olmasını isterler. Bu isteklerine ulaşmanın yolunu, dedelerinden istemekte bulurlar. Peygamberimiz(sav) o an çocuklara deve alacak durumda değildir. Torunlarını üzmeden, billurdan kalplerini kırmadan, çocukları mutlu edecek ve onlara istedikleri deveyi unutturacak bir çözüm yolu bulur. Küçük torunlarının önüne çökerek onlara şöyle seslenir:

"Haydi binin. Bundan daha iyi deve mi olur?"

Çocuklar büyük sevinçle dedelerinin sırtına binerler ve böylece deveyi unuturlar.[10]

Çocukların Derdiyle Dertlenmesi

Çocuklarla kaynaşma ve onları yetiştirme gayretinin bir diğer örneği de onların hal ve hatırlarını sorarak gönüllerini almasıdır.

Hz. Enes(ra), Peygamberimiz(sav)'in bu sünnetini şöyle anlatır:

"Resulullah bize karışır ve hatta küçük kardeşime: 'Ya Ebu Umeyr, küçük kuşun ne oldu?' diye sorardı. Onu üzgün görünce de: 'Ne oldu, niye üzgünsün?' diye sorar ve kuşunun öldüğünü duyunca Ebu Umeyr ile ilgilenir ve onu teselli etmeye çalışırdı."

Bir başka örnek daha var ki üzerinde çokça düşünmemiz gerekir: Hz. Enes(ra) anlatıyor:

"Hz. Peygamber'e hizmet eden bir Yahudi çocuğu hastalanır. Resulullah ona geçmiş olsun ziyaretine gider, başucuna oturup: 'Müslüman ol' der. Çocuk babasına bakar. O da, 'Ebu'l Kasım'a itaat et' der."[11]

Çocuklar kendi anne ve babalarından daha çok Peygamberimiz(sav)'i sevmişlerdir. Tercih yapmak durumunda kaldıklarında Peygamberimiz(sav)'i tercih etmişlerdir. Hz. Zeyd(ra)'de de bunun örneğini görüyoruz. O, ailesine tercih ettiği Peygamberinin sözlerine itaat etmiş ve onun izince yürümüştür.

Nasıl Yaşarsak Öyle Ölürüz

Sevgili Peygamberimiz(sav) bizleri çok seviyor. Sevdiği için de her konuda bizleri düşünmüş ve bizlere yol göstermiş. Hayatımızın her noktasına işaretler koymuş. Şaşırmayalım, yolumuzu kaybetmeyelim diye. Bu da olur mu dememiş. En ince ayrıntılara kadar bizi aydınlatmış. Karanlıkta kalmayalım diye. İşte bunlardan biri de "Nasıl yaşarsanız öyle ölürsünüz" uyarısıdır. Nasıl yaşıyoruz? Hayatımızın merkezinde namaz mı var? Yoksa namaz gündemimizin en sonuncusu mu? Namazı özleyen, yolunu gözleyenlerden miyiz? Ne mutlu bize. Çünkü mutlaka iki namaz arasında öleceğiz. Bir de Rabbim lütfeder de namazda emaneti teslim edersek ne mutlu bize.

Belki şöyle düşünebiliriz. Daha ben küçüğüm. Ölüm bana çok uzak. Gerçekten böyle mi? Haberleri izlerken gördüğümüz kazalarda ölenler hep yaşlılar mı? Onlar içinde ölen çocuk ve genç yok mu? O kadar çok ki...

Hz. Ömer döneminde küçücük bir çocuk koşarak mescide doğru gider. Hz. Ömer ile karşılaşır. Onun bu telaşlı halini görünce nereye gittiğini sorar. Çocuk:

— Mescide gidiyorum. Bunun üzerine Hz. Ömer:

— Ama namaz kılmak sana farz değil ki...Çocuk:

— Ey müminlerin emiri ölümün ne zaman geleceği belli değil ki. Dün birlikte oynadığım benden de küçük olan arkadaşım vefat etti. Çocuğun bu tavrı karşısında Hz. Ömer çok etkilenir.

Çocukluğunu ve gençliğini ibadetle geçirenlere ne mutlu. Onları Sevgili Peygamberimiz cennette bekliyor. Biz de inşallah o mutlu olacak güzel insanlardan oluruz.

Konumuzla yakından ilgili Sibel Günaydın kardeşimizin namazla diriliş öyküsünü birlikte okuyalım. İnsanların tüyleri nasıl da gül gül oluyor.

Hz. Peygamber(sav) çocuklarla bizzat ilgilenmiş, sevinciyle sevinmiş, hüznüyle hüzünlenmiştir. Oyunlarına ortak olmuş, onlarla çocuklaşmış, aralarındaki engeli ortadan kaldırmıştır.

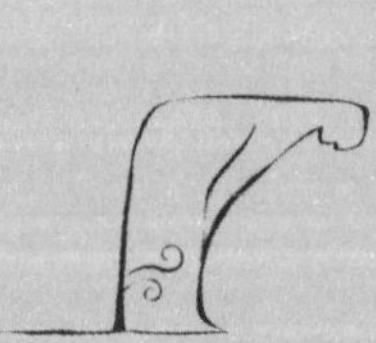

Kim Hasta?

Sıradan bir hafta sonuydu. Tatilin tadını çıkarmak adına geç saatlerde kalkmış, kahvaltı yapıp, "Bugün ne yapabilirim, geriye kalan vaktimi nasıl değerlendirebilirim" diye düşünürken cep telefonum çaldı. Çalıştığım hastaneden arıyorlardı. Ne olabilirdi ki? Umarım tatilimi mahvedecek bir şey değildir, diye düşündüm.

Görevli arkadaş icapçı hemşire olduğumu, İstanbul'a bir hastanın götürüleceğini ve en geç 20 dakika içerisinde hazır olup hastaneye gelmem gerektiğini söyledi. Ben de hazırlandım tabi, ama söylene söylene. Nereden bilebilirdim bu yolculuğun hayatımı değiştireceğini!

Hastaneye geldiğimde ambulans hazır halde beni bekliyordu. Fakat hasta yoktu. Evinden alınıp sonrasında da İstanbul Fatih'teki evine bırakılacaktı.

— Oh, dedim, demek ki hastanın önemli bir problemi yok. Gerekli malzeme kontrollerini yaptıktan sonra yola koyulduk.

Hastanın evine vardığımızda bir doktor karşıladı bizi. Hastanın ilerlemiş bir beyin tümörünün olduğunu ve yapmam gerekenleri bir bir anlattı. Hastayı sedyeyle ambulansa aldığımızda bilinci yarı açıktı. Bazen bizi işitiyor, bazen de derin bir uykudaymışçasına hiç konuşmuyordu. Eşi de yanında refakat etmekteydi. Bir süre bu şekilde gittikten sonra hasta idrarının geldiğini söyledi. Bir ördek yardımıyla bu işi hallettik. Sonrasında da eşinin kulağına bir şeyler fısıldadı.

— Eşinizin ağrısı mı varmış, dedim.

— Hayır, namaz vakti geldi mi diye soruyor, dedi. Abdest alacakmış da.

— Nasıl yani, yerinden bile kalkamıyor, nasıl abdest alacak! Üstelik verdiğimiz ilaçlar devamlı idrar yaptırır ve abdesti sık sık bozulur, o zaman ne yapacağız?

Hastanın gözleri ilaçların etkisiyle yavaş yavaş kapandı ve derin bir uykuya daldı. Belli bir süre bu şekilde devam etti yolculuğumuz. Hasta bir ara gözlerini aralayıp:

— Namaz vakti geldi mi, dedi.

— Evet, dedi karısı.

Hasta, ambulansı uygun bir yerde durdurup, kendisi için bir tuğla parçası arayıp aramayacağımı sordu:

— Tabii ki ararım, dedim. Ama ne yapacaksınız ki tuğla parçasını?

— Abdest alacağım hemşire hanım, dedi bitkin bir şekilde.

Aman Allah'ım, "yoldayım" diye kılmadığım, "uykusuzum" diye kazaya bıraktığım, "biraz sonra kılarım" diye ertelediğim namazlarım geliverdi aklıma.

Ambulansı bir tesiste durdurduk ve bir tuğla parçası aramaya koyuldum. Birinci adım, ikinci adım derken bir de baktım ki tuğla parçası karşımda duruyor. Sanki bilinçli bir el onu benim almamı istercesine oraya koymuş gibiydi âdeta.

Tuğla parçasını aldım, hastaya verdim. Taşı karnının üzerine koydu ve yolculuk boyunca her abdesti bozulduğunda teyemmüm edip abdest aldı ve ardından namazını eda etti. Bilinci yerindeyken, dudaklarında hep bir mırıltı, durmadan dua ediyordu.

Allah'ım nedir bu yaşadıklarım. Bu insanlar gerçek olabilir mi, diye geçiriyordum içimden. Yerinden kalkamayacak kadar hastayken "namaz vakti geldi mi" diye soruyordu adam. İmkânsız olduğunu düşünürken tuğla parçasını bulmam, adamın devamlı teyemmüm abdesti alması o kadar garibime gitmişti ki...

Başım ağrıyor, romatizmam var, ayaklarımda mantar var, uykusuzum, yorgunum, işlerim çok yoğun gibi bahanelerle abdestten, namazdan kaçanlar var ya, onlar geldi aklıma. Kendim geldi aklıma. Utandım, yıkıldım ve o adamı tanıdıktan sonra namaza dört elle sarıldım, sanki namazla yeniden dirildim.

Sanırım, hastanın sonunu merak ediyorsunuz. Hasta kısa bir süre sonra vefat etmiş. Nasıl öldüğünü tahmin ediyorsunuzdur herhalde. Nasıl yaşadıysa öyle.

Ömer Seyfettin

Ömer Seyfettin annesinin kendisini namaza başlatma macerasını şöyle anlatır:

... Annem, dünyada en sevdiğim, dünyada yegâne saydığım bu muhterem varlık, işte hatırlıyorum, on beş sene evvel beni ilk sabah namazına kaldırmıştı. Galiba yine böyle bir kıştı. Onun odasına bitişik olan küçük odamdaki küçük karyolamda uyurken bir sıcak öpücük gibi alnımı okşayan nazik eliyle, nazik ince parmaklarıyla saçlarımı tarayarak:

— Haydi, Ömerciğim, kalk demişti, kalk, haydi yavrucuğum!

Ben gözlerimi açmıştım. Köşedeki küçük yazıhanemin üzerinde yanan küçük gece kandili, ah bunu unutamam, bu bir kedi kafasıydı, iki pencereli olan odamın beyaz, muşamba perdelerinin esmerliklerini aydınlatıyor ve yeşil, camdan gözleriyle bakıyordu.

"Fakat anneciğim" demiştim, daha gece... Her vakit öptüğü yerden, sol kaşımın ucundan tekrar öperek:

— Yok, yavrucuğum, saat on iki, sonra vakit geçer, diye koltuklarımdan tutarak kaldırdı.

İçi fanilalı küçük terliklerimi giyerek ve gözlerimi yumruklarımla ovuşturarak onu takip ettim. Karanlık sofadan, bir anda geçerek odasına girdik. Bağdaş kurmuş bir zenciye benzeyen siyah ve alçak soba gürüldeyerek yanıyordu.

— Aa... Pervin de kalkmış...

Pervin hizmetçimizdi, elindeki sarı güğümü sobanın üzerinden indiriyordu. Onun kalkacağına hiç ihtimal veremezdim. Annem demişti ki:

— Pervin her sabah kalkar.

Ben hiç kalkmadığım halde onun her sabah kalkmasına hayret ettim. Hırkamı çıkardılar, kollarımı sıvadılar, abdest leğeninin yanına çömeldim. Anneciğim:

— Öyle yorulursun, diye küçük bir iskemleyi altıma koydu, ona oturdum:

— Haydi, besmele çek!

Pervin ılık suyu ellerime döküyor, annem başucumda, "Yüzünü... Kollarını, yine üç defa..." diye fısıldıyor, unuttukça da, "Aa! Başına mesh!" gibi hatırlatmalarla yanlışlarımı bana tekrar ettiriyordu. Abdest bitince annemle beraber yavaş bir sesle namaz dualarımı okuyarak kollarımı ve yüzümü kuruladık. Pervin de ayaklarımı kuruladı. Ve çoraplarımı giydirdi. Isınmak için sobanın önüne gitmiştim. Arkama dönünce, annemi, tiftikten dokunmuş seccadeyi açıyor gördüm... Sonra başına yeşil başörtüsünü örterek beni çağırmıştı:

— Gel...

Gittim. Küçücük ben, onunla bir yavru samimiyet ve saadetiyle o yüce, o hassas annem vücudunun yanında durdum. İki cümle ile bana, yapacağımı, evvelden öğrettiklerini tekrar etti:

— İki rekât sünnet... Gece öğrendiklerini oku, unutmadın ya?

— Hayır...

— Haydi...

O, iftitah tekbirini ellerini omuzlarına kaldırarak kadın gibi yaparken, ben de düşünmeksizin onu taklit etmiştim. Sünneti bitirdikten sonra, bana, gözlerinin tatlı ve etkili bir tebessümü ile gülerek:

— Yavrum demişti, sen kadın mısın?.. Kadınlar öyle başlar, sen erkeksin, ellerini kulaklarına götüreceksin.

Ve hararetli elleriyle benim küçük ellerimi kulaklarıma kaldırarak, "İşte böyle..." diyerek erkek iftitahını öğretti. Ben de tekbiri böyle alıp annemden farkımı, niçin erkek olduğumu, erkekliğin ne olduğunu, erkek olmanın yalnız küçük kızları dövmek ve onlara hâkim olmaktan başka da farkları olacağını düşünerek namazı bitirdim.

Dua ederken sordum:

— Nasıl dua edeceğim anne?..

O dua ediyor ve dudakları hareket ettikçe başörtüsü de titriyor gibi oluyordu. Başını salladı, duasını bitirdikten sonra, daha hâlâ hatırımda:

— Evvela, "İslam olduğum için ey Cenab-ı vacib-ül vücud olan Hazreti Allah! Sana hamd ederim" de... Sonra, "Vatanımızın düşmanlarını perişan etmeni Senden istirham ederim" de... Sonra da, "Bütün eziyet çeken, hasta olan, felakette bulunan, fakir olan Müslümanların selamet ve sıhhatlerini Senden temenni ederim" de... Kendin için, iyi olman ve şeytanın yalanlarına aldanmaman için dua et, demişti.

Ben bu basit ve Türkçe duayı, annemin dolabındaki birbiri üstüne duran ve karıştırmaklığım "Dua kitaplarıdır, sakın ilişme" ihtarıyla daima yasaklanan, yıpranmış Arapça, esreli ve üstünlü kitapları hatırlayarak içimden söyledim, Fatiha...

Annem seccadeyi toplayarak bana uyuyup uyumayacağımı sordu, uykum var mıydı? Bunu bilmiyordum... Cevap vermedim.[12]

Namaz Bilinci Kazanalım

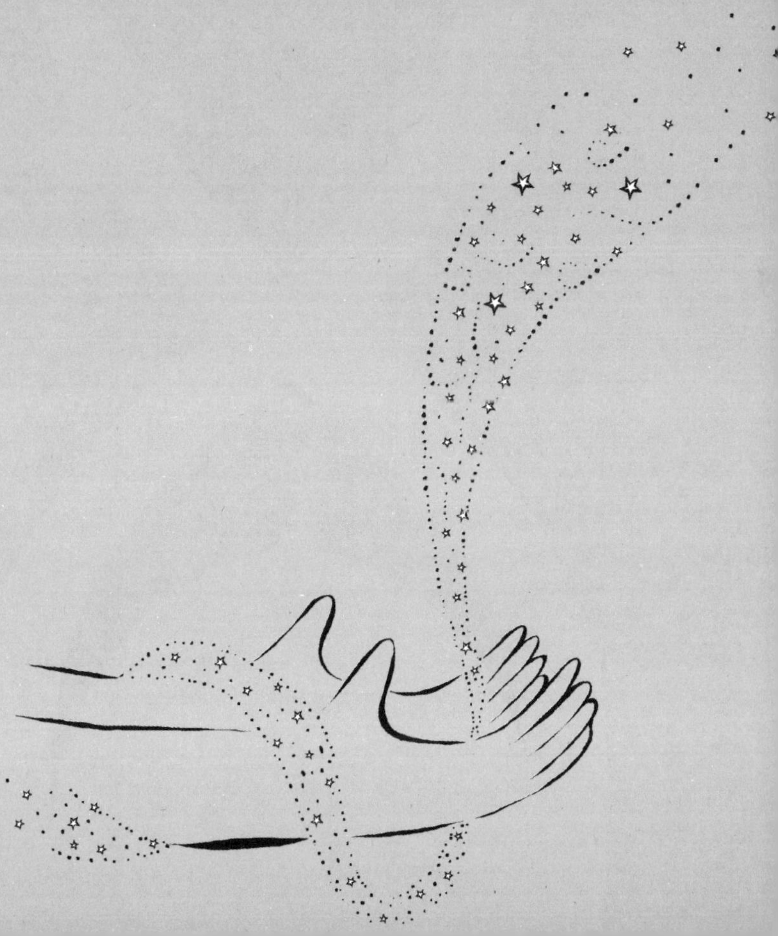

Namazı sevmeniz için namazı tanımanız gerekir. Niçin namaz kılmalıyım? Namazsız Müslümanlık olur mu? Namaz kılan neler kazanıyor, kılmayan neler kaybediyor? Allah'ın benim namazıma ihtiyacı mı var? Bu tür sorulara cevap veren "namaz bilinci" kitaplarıyla tanışın. Okumak için kendinizi motive edin. Mümkünse ailenizle birlikte okuyun. Okumada zorlanıyorsanız, merakınızı çekecek pasajlardan başlayın. Bu da olmuyorsa, kardeşinizden veya aile büyüklerinizden size okumaları için yardım isteyin. Okumaya başlayınca siz de can kulağı ile dinleyin. Bu çalışmanın da çok etkili bir metot olduğunu unutmayın.

Sohbetlere Katılalım

Manevi yönden gelişmemizde dini sohbetlerin çok faydası vardır. Bunun en güzel örneği olduğumu söyleyebilirim. Dini bakımdan bilinçlenmem bu sohbetler sayesinde oldu. İbadetlerimi zevkle yapmaya başladım. Önceden namaz kılmak bir yük gibi geliyordu. Sohbetlere devam ettikçe ibadetlerin tadını keşfetmeye başladım. Sohbetler, çok şükür dirilişime vesile oldu. Çevremde de bunun örneklerini görüyorum. Evde başarılı olamayan bazı arkadaşlar, çocuklarını sohbet meclisleriyle kurtardılar.

Hz. Peygamber(sav) "yıldızlar gibi" olan sahabesini sohbetlerle yetiştirdi. Dünyanın en güzel insanları oldular. O, eşkıyayı evliya yaptı. Öldürmeye gelenler, dirilerek döndüler. Bu sohbetin tadına varanlar, dünya adına her şeyi terk etmeyi göze aldılar.

Yakın tarihimizde yaşayan, peygamber varisi olan âlimlerimizin sohbetlerinde hayat bulanlara birçok örnek gösterebilirim. Mehmed Zahid Kotku'nun sohbetine devam eden eli kanlı bir katil, tövbe eder, yaptıklarına pişman olur. Eli silah çeken bir eşkıya iken, eli tespih çeken bir evliya olur. Yıllarca işlediği günahlara yanar ve ziyan ettiği eski günlerini telafi etmek için var gücüyle çalışır, hizmet eder. Aynı sohbetlere devam eden niceleri önce Cuma namazıyla işe başlar. Sonra beş vakit namazla yola devam eder. Bu da yetmez, Efendimizin(sav) kıldığı armağan namazlarla ömrünü bereketlendirir.

Anadolu'da katıldığımız "Namazla Diriliş" programlarında, merakından dolayı gelenlerden tutun da, zorla gelenlere varıncaya kadar, nicelerinin değişim öykülerini dinledik. Bize yazanlardan bir örnek:

"Sevgili Hocam,

Allah sizden razı olsun. İyi ki sizi dinlemişim. Sizi dinlediğim günden bu yana elime geçirdiğim namaz kitaplarının hepsini okumaya çalışıyorum. Size teşekkür borçluyum. Sayenizde çocuklarım da namazlarını kaçırmamaya gayret ediyor. Hocam siz, Efendimizin[sav] arkasından gelen süvarilersiniz. Saygı ve selamlarımla... Allah sizi kötülüklerden korusun."

Burak

Başkalarına Anlatalım

Namaz bilinci kazanmamız için uygulayabileceğimiz farklı bir yöntem de şudur: Kendinize güvenin ve okuduklarınızı başkalarıyla paylaşmaktan çekinmeyin.

İnsan, anlatırken daha güzel öğreniyor. Bu, en güzel öğrenme şeklidir. Aynı zamanda okuduklarımızı daha uzun süre muhafaza etmemize de yardımcı olur. Öncelikle öğrendiklerinizi evde kardeşinize ve aile büyüklerinize anlatabilirsiniz. Arkadaşlarınızla bu konuda konuşabilirsiniz. Bu da olmadı, evde bir odaya çekilin kendi kendinize anlatın. Kalabalık bir topluluğa konuştuğunuzu hayal edin. Çok faydasını göreceksiniz.

Lisede okurken, sınıfta hocalarımızın sorularına cevap vermekten çekinirdim. Kendime güvenim yoktu. Söz söylerken yüzüm kızarırdı. Bu arada bildiğimi de unuturdum. Bir gün hitabet dersinde Ahmet

Çalışkan Hocam, hitabet yarışmasına katılmamı istedi. Önce çok zor geldi. Yapamamaktan korktum. Hocamdan Allah(cc) razı olsun, bizi teşvik etti, yüreklendirdi, yardım etti ve o yarışmaya katıldım. Böylece hem üzerimdeki o korkaklığı attım, hem de bu işi sahiplendim. Hiç yapamayacağımı zannettiğim hitabet, benim yaşam tarzım oldu.

Abdestli Bulunmaya Çalışalım

Namaz kılmanın önündeki en büyük engel çoğu zaman abdest alma tembelliğidir. Özellikle kış günlerinde bu biraz daha öne çıkar. Devamlı abdestli bulunmaya çalışmak Sevgili Peygamberimizin(sav) sünnetiydi. Abdestli yaşamaya alıştığımızda namaz kılmamız kolaylaşacaktır. Bunun için abdestli bulunmanın sevabını unutmamalı, bununla ilgili Peygamberimizin(sav) tavsiye ve teşviklerini hatırlamalıyız. Namazla tanıştırdığım gençlerin en çok sevdikleri sünnet, abdestli bulunmak oldu. İçlerinden biri tecrübelerini şöyle anlatıyor:

"Hocam namaz kılmaya başladığımdan beri abdestsiz gezmemeye çalışıyorum. Bunun çok faydasını gördüm. Öncelikle namazlarımı ezanla birlikte kılmaya başladım. Çoğu zaman cemaati de kaçırmıyorum. Daha sonra kılarım tembelliğimi de giderdim. Bir de şunu itiraf edeyim ki, abdestli olduğum sürece harama bakmaktan kendimi koruyorum. Ne zaman şeytan beni dürtecek olsa, hemen abdestli olduğum aklıma geliyor. Ona uymaktan vazgeçiyorum. Şimdi çevremdeki bütün arkadaşlara bunu tavsiye ediyorum."

Arkadaşlarımızla Yardımlaşalım

Öncelikle yaşadığımız çevrede namaz kılanlarla arkadaşlık edelim. Bulamıyorsak en kısa zamanda arkadaşlık edeceğimiz kişiyi namazla buluşturalım. Biz bunu yapmaz, namazsızlık hastalığına yakalanmış biriyle sürekli arkadaşlık edersek onun hastalığı bize de bulaşır. İmam-ı Gazali Hazretleri huyların da sirayet edici, yani bulaşıcı olduğunu söylüyor. Baskın olan huy diğerine bulaşacaktır. Biz sadık, salih, abid, namaz aşığı bir kul olursak, namazlarımızı vaktinde, ezan okununca kılmaya çalışırsak bizimle beraber olanlar bundan etkilenecektir. Onlar da bir müddet sonra kendiliğinden namaz kılmaya başlayacaktır. Mutlaka bir namaz arkadaşımız olmalı. Hatta bu konuda hedefimizi yüksek tutmalı. Kaç kişiyi namazla buluşturursak, o kadar namaz sevabımız olacak. İnanın hiç de zor değil. Namaz kardeşlerimiz ne kadar çok olursa işimiz o kadar kolay olacak. Bu konuda şunları yapabiliriz:

- Öncelikle namaz kardeşliği anlaşması yapmalıyız. Namaz vakitleri yaklaştığında namaza hazırlık için birbirimize hatırlatmalıyız. Böylece hayırda yardımlaşmış, şeytana fırsat vermemiş oluruz.

- Müsait olduğumuz bazı vakitlerde namazımızı birlikte camide kılmalıyız. Böylece cemaatle namaz kılmanın sevabına nail oluruz.
- Camiye gidemediğimiz zamanlarda okulda, mahallede, evde ve piknikte namazlarımızı arkadaşlarımızla cemaat yaparak kılmalıyız. İçimizden güzel okuyanı imam yaparız, biz de ona uyarak cemaat oluruz.
- Oyunlarımızı ve diğer çalışmalarımızı namaz vakitleri arasında yapmalıyız. Günümüzün köşe başlarında namaz olmalı. O vakit zamanımızı planlamış ve daha verimli bir şekilde kullanmış oluruz.
- Bazı armağan namazlarla günümüzü bereketlendirmeliyiz. Sevgili Peygamberimizin(sav) kıldığı nafileleri zaman zaman hayatımıza taşımalıyız. Arkadaşımızla bu konuda yarışmalıyız. Fakat bunu yaparken işi abartmamalıyız. Amellerin hayırlısının az da olsa devamlı olanı olduğunu unutmamalıyız.
- Evde camiye gidemediğimiz vakitlerde babamızın bize imam olması için ricada bulunmalıyız.
- Evde anne-babamız yoksa kardeşlerimize biz imamlık yapmalıyız. Onlara öncülük etmiş ve de namaza alıştırmış oluruz. Ne mutlu kardeşlerine örnek olabilenlere.
- Namaza kaldırma organizesi yapalım. Evde kardeşlerimizle, okuldaki ve mahalledeki arkadaşlarımızla bunu gerçekleştirebiliriz. Ancak bunu yaparken arkadaşlarımızın ailesinin dini durumunu göz önünde bulunduralım. Dini duyarlılığı olmayan bir ailenin çocuğu ise ilişkilerimizde arkadaşımızı sıkıntıya sokmaktan sakınalım. Ailemizin sıkça görüştüğü kişilerin çocuklarıyla bu çalışmayı daha kolay yapabiliriz.

İnternet Namazla Aramıza Girmesin

Bizi bekleyen en büyük tehlikelerden biri de internet. Çok faydalı bir teknoloji harikası olan bu nimet çoğumuzun aynı zamanda en büyük düşmanıdır. Onun başına oturunca zamanın nasıl geçtiğini anlayamıyoruz. Çoğu zaman büyüklerin bile nasıl aldandıklarına şahit oluyoruz. Namazın vakti geçecek hâlâ şuna da bir bakayım diyoruz. Biz bu tehlikeye karşı kendimizi kontrol etmeliyiz. Orada geçireceğimiz zamana bir sınır koymalıyız. Yoksa değil saatlerin, günlerin ve ayların nasıl geçtiğini fark etmeden ömrümüzü, gençliğimizi heba etmiş oluruz. İnternet bizim cehennemimiz olmasın. Sohbet odaları, yanlış sanal arkadaşlıklar, ahlakımızı bozacak sitelerden uzak durmalıyız. Biliyor musunuz birçok arkadaşımız bu sebepten sınıfta kaldı, okul hayatı berbat oldu. Ailesiyle huzuru bozuldu. Bazı evlilerin yuvası yıkıldı. Sakın ola ki nefsimize uyarak bu tuzağa düşenlerden olmayalım. Namaz bizi nefsin ve şeytanın tuzaklarından korur. Korumuyorsa namazımızı aceleyle aradan çıkarmak için kılıyoruz demektir. Yoksa hem namazda Allah'a söz vereceğiz, "Sadece Senin istediğin gibi yaşayacağım ya Rabbi!" diye, hem de elimizi, gözümüzü yanlıştan sakınmayacağız. Bu mümkün değil. Biz tercihimizi Rabbimizden yana mı kullanıyoruz, şeytandan yana mı? Bunu kendimizde tespit edeceğiz ve yönümüzü, gönlümüzü Rabbimize çevireceğiz.

Gel biz O'na kullukta yarışalım...

En fazla bir namaz vakti internette kalmalıyız. O da çok önemli bir işimiz varsa. Üstelik namaz vakitlerini hatırlatan programları bilgisayarımıza kurarak ezanla bizi uyarmasını sağlamalıyız. Böylece kendimizi kontrol etmiş oluruz. Bir arkadaşımızın başından geçen hatırasını sizinle paylaşayım:

Lütfen Yatsı Namazını Kılmadan Girmeyin

Bir gece, biraz uykulu, biraz dermansız bir halde internet siteleri arasında dolaşıyordum. Yine geciktirmiştim yatsı namazımı... Bunun verdiği huzursuzluk âdeta benliğimi kaplamıştı. Ama bilgisayar başından da kalkamıyordum. O siteden diğer siteye geçiyor, araştırma yapıyordum. Yani kendimi geliştirmek için bakıyordum. Aslında bu, gecenin bir vaktinde boşa vakit geçirmekti ve hatta bir çeşit gafletti. "Hadi biraz sonra kalkınca kılarım" derken yeni bir site buluyor, orada dalıp gidiyordum. Ve sonra takip eden linki tıklamamla irkilmem bir oldu. Kapkara bir sayfa açıldı ve sayfada yazan intro halinde bir mesaj:

— **LÜTFEN YATSI NAMAZINI EDA ETMEDEN GİRMEYİNİZ. EĞER EDA ETTİYSENİZ GİRİŞ YAPABİLİRSİNİZ!**

Bu mesajdan sonra başka söze ne hacet! Hemen kalkıp namazımı kıldım.

Nil Kara

Sakın Bunlara Üzülme

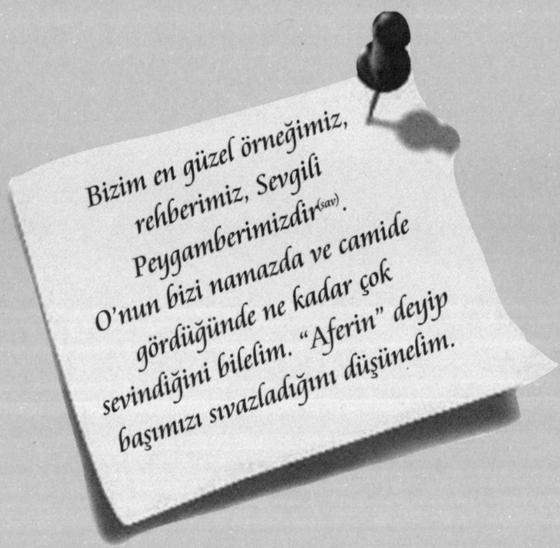

Namaz kılmaya başladığın dönemde bazı olumsuz davranışlarla karşılaşabilirsin. Bunlar seni üzmesin. Büyüklerin de hata yapabileceğini unutma. Bazen aile büyüklerimizle, bazen de çevremizdekilerle bazı olumsuzluklar yaşayabiliriz. Örneğin Allah'ın evinde bizi azarlayabilirler. Buna şahit olduğum zamanlar oldu. Biz tebessüm edelim, "Affedersiniz" deyip geçelim.

Bize bu olgun davranışımız sebebiyle cennette tebessüm ettiğini hayal edelim. O gençleri ve çocukları ne kadar da çok severdi!

Anne ve babalarımız da iyi niyetle yanlış yapabilirler. Namazımızı geciktirdiğimizde bizi kıracak tepkiler gösterebilirler. Bu noktada onlara kızıp namaza küsmemeliyiz. Biz namazı Allah için kılıyoruz. Hem onların sitemi namaza olan duyarlılıklarındandır. Anne ve babalarımızı en çok memnun eden şeyin, bizim namaza gösterdiğimiz ciddiyet olduğunu unutmayalım.

Az da olsa namaz kıldığımızı gören bazı kişiler, incitici sözlerle bize sataşabilirler. Bunlara da takılmayalım. Selam verip geçelim. Ya onlara sözün en güzelini söyleyelim ya da sessizce geçip gidelim. Bizim yerimize bir melek onlara gereken cevabı verecektir. Sevgili Peygamberimizin(sav) yaptığı gibi dua edelim: "Bilmiyorlar ya Rabbi", "Allah'ım onlara da namazın tadını tattır" diyelim. Çünkü biz Allah'ın kulu, Efendimizin(sav) ümmetiyiz. Bize güzellik yakışır.

Aylık Namaz Ağacı

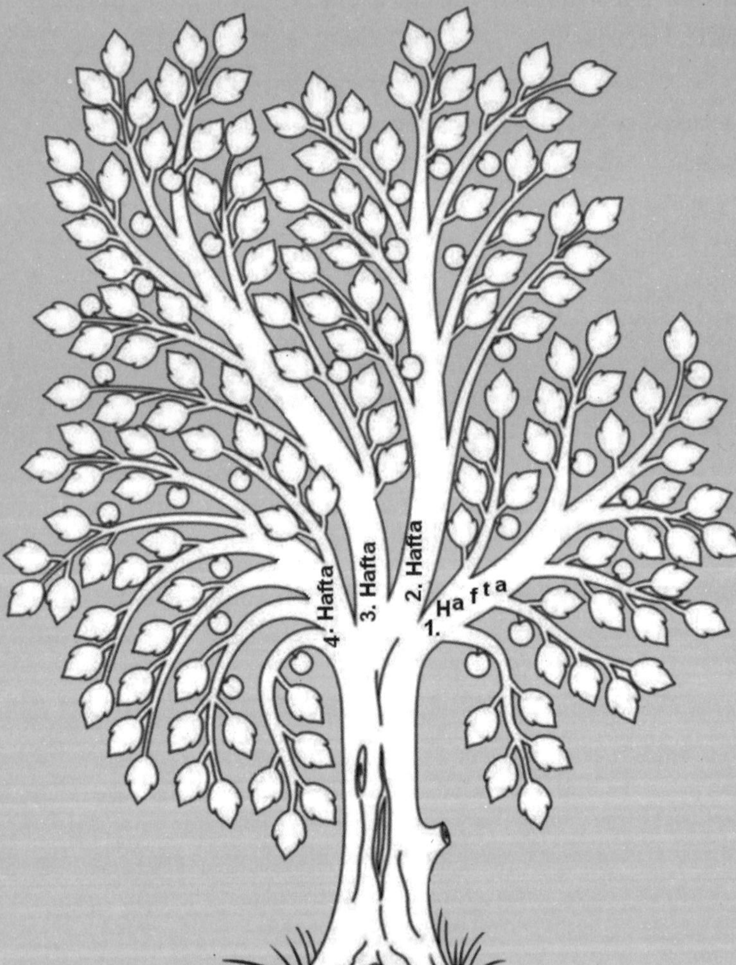

Ağacın Tanıtımı

Bu ağacın, dört haftayı temsil eden 4 büyük dalı, günleri temsil eden 7 tane küçük dalı vardır. Her küçük dalda 5 vakit namazı gösteren yaprakları bulunur. Ayrıca her küçük dalda günlük sadakayı temsil eden bir meyve de mevcuttur. (Bu sadaka maddi veya manevi olabilir.)

Her Büyük Dal: Bir Hafta

Her Küçük Dal: Bir Gün

Her Yaprak: Bir Namaz Vakti

Her Meyve: Bir Sadaka

Kullanım Kılavuzu

- Her ayın başında, ayı temsil eden büyük dal ve haftayı temsil eden küçük dal ile başlanır.
- Vaktinde kılınan her namazın ardından bir yaprak yeşil renkle boyanır.
- Şayet namaz kaza olarak kılındıysa yaprak sarı renkle boyanır.
- Sadakayı temsil eden meyveye gelince, o da kırmızı renkle boyanır.

Ağacın Amacı Nedir?

- Çocukları güzel bir yöntemle namaza teşvik etmek ve namaza alıştırmak.
- Çocukları sabretmeye alıştırmak, sonuçta yemyeşil bir ağaç elde ettiklerinde onları ödüllendirmek.

Ayrıca şu hususlara da muhakkak dikkat edilmesi gerekir

- Namazın sadece Allah rızası için kılınması gerektiği çocuğa anlatılmalı.
- Yukarıdaki ağaç resminin çocuğun odasına veya çocuğa ait bir dolaba asılması verimi artırır.
- Çocukta bıkkınlık görüldüğünde zoraki ısrara başvurulmamalı.
- Boyama işi büyük bir sorun edilmemeli, asıl amacın namaza alıştırmak olduğu unutulmamalı. Gerektiğinde anne ve babalar bizzat ilgilenip ağacı kendileri boyamalı.
- Çocuk, namaza tatlı bir dille çağırılmalı.
- Çocuk, namaz vakti girdiğinde namaza çağrılmalı. Çünkü namaz vaktini bilemeyecektir.
- İlk haftanın ardından çocukta bıkkınlık görülebilir. Bu durumda çocuk tekrar heveslendirilmelidir.
- Ağacın tümü bittiğinde ve yemyeşil bir hal aldığında, çocuk mutlaka ödüllendirilmeli.

Haftalık Namaz Tablosu

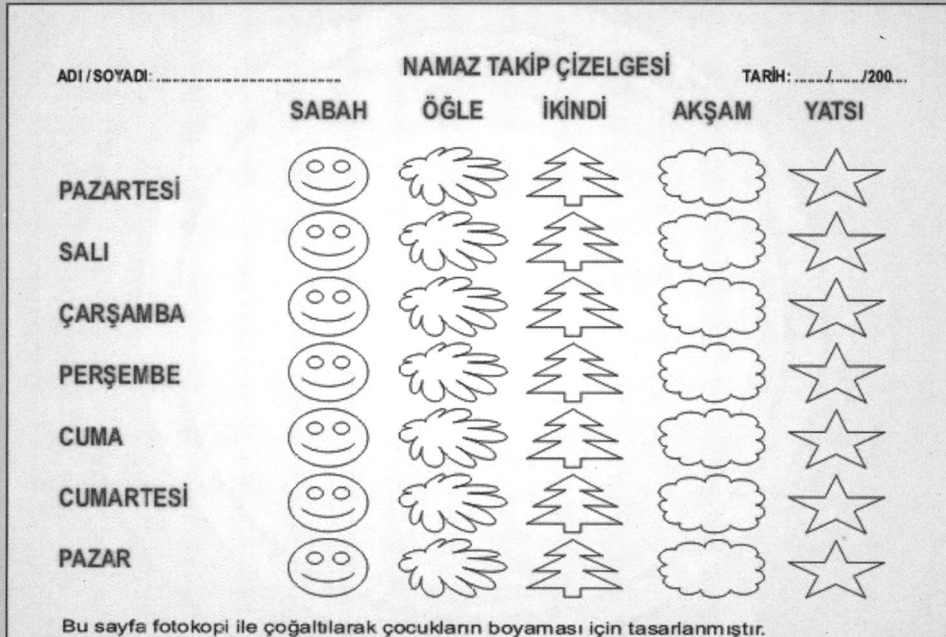

İman eden kullarıma söyle:
Namazı dosdoğru kılsınlar,
içinde ne bir dostluğun
ne alışverişin bulunduğu
bir gün gelmeden evvel...
[İbrahim Suresi, 31]

DİPNOTLAR

1. Senai Demirci, *Kıl Beni Ey Namaz*, s.9.
2. Said Demirtaş, *Namazı Yaşayanlar*, s.46.
3. Said Demirtaş, *Namazı Yaşayanlar*, s.56.
4. Said Demirtaş, *Namazı Yaşayanlar*, s.30.
5. Said Demirtaş, *Namazı Yaşayanlar*, S.38.
6. Ahmet Şahin, *Dini Hikâyeler*, Cihan Yayınları.
7. Buhari, *Ezan*.
8. Prof. Dr. İbrahim Canan, *Peygamberimizin Sünnetinde Terbiye*, s.170.
9. Ahmet Maraşlı, *Çocuğumu Nasıl Yönlendirebilirim*, s.65.
10. Nuriye Çeleğen, *Peygamberimiz Çocuklara Nasıl Davranırdı*, s. 49.
11. Prof. Dr. İbrahim Canan, *Hz. Peygamberin Sünnetinde Terbiye*, s.158-159.
12. Ömer Seyfettin, *İlk Namaz*.

Teşekkür...

İlk baskılara olan ilgiden dolayı bütün okuyucularımıza can-ı gönülden teşekkür ediyorum. Bu mütevazı çalışmamız kısa zamanda hem yurt içinde hem de yurt dışında on binlerce kardeşimizle buluştu. Kitabımıza ilgi gösteren, okunmasına yardımcı olan, okuyan ve duygularını bizimle paylaşan kardeşlerime dua ediyorum. Rabbim, bizleri dininin hiçmetçileri kılsın.

Çocuklarımızı seccademizin varisi yapabilmek ve öldükten sonra amel defterimizin kapanmasına vesile olacak şekilde yetiştirebilmek için yapacağımız çalışmalardan biri de onlara namazı sevdirmek olacaktır. Kitabımız, bu konda çalışma yapan imamlarımıza, öğretmenlerimize, bütün sivil toplum kuruluşlarındaki eğitimcilerimize yardımcı olacak ve işlerini kolaylaştıracaktır.

Bu konuda çok güzeil haberler alıyorum. Çalışmamız, Danimarka'da bir kolejde velilere ders kitabı olarak okutuluyor. Okul öncesi eğitim veren bazı kurumlardaki öğretmenler kılavuz el kitabı olarak faydalanıyor. Anneler, çocuklarına namazı anlatmak için "Çocuğumla Sevgi Secdesi" bölümünü okuyor.

Yapılan bu güzel çalışmalar meyvelerini vermeye başladı. Bizleri mutlu eden iki mektubu sizlerle paylaşırken, duygularını yazma zahmetinde bulunup, gönderen kardeşlerime ayrıca teşekkür ediyorum.

Sevgili Ahmet Amcacığım,

Ben dokuz yaşında bir kızım. "Çocuklarımıza Namazı Nasıl Sevdirelim/ Çocuğumla Sevgi Secdesi/" adlı kitabınızı annemle beraber üç günde okuduk. Kitabınızdan çok etkilendim ve namaza başladım. Sizin sayenizde, kalbim huzurla ve Allah sevgisi ile doldu.

Allah sizden razı olsun. Size çok teşekkür ederim.

Aslı TÜRK

Kütahya

Öncelikle size selamlarımı gönderiyorum. Ben 13 yaşındayım. Kitaplarınızı ablam almış. Ben iki kitabınızı okudum. Özellikle "Çocuklarımıza Namazı Nasıl Sevdirelim/ Çocuğumla Sevgi Secdesi" kitabınızdan çok etkilendim. Kitabınızda "Namaz kılanın Hz. Muhammed'e (sav) benzer" diye yazdığınız bölüm, beni çok etkiledi ve ben bu kitaplarınız sayesinde namaza başladım. Hocam, çok teşekkür ediyorum. O kadar huzurlu ve mutluyum ki bir an önce namaz vakti gelsin de namazımı kılayım diyorum...

Enes Özbey

Kastamonu/Tosya